Münsterschwarzacher Kleinschriften

herausgegeben
von den Mönchen der Abtei Münsterschwarzach

Band 73

W0072513

Wunibald Müller

Meine Seele weint

Die therapeutische Wirkung der Psalmen für die Trauerarbeit

Vier-Türme-Verlag

5. überarbeitete Auflage 2001
© Vier-Türme GmbH, Verlag Münsterschwarzach
Alle Rechte vorbehalten
Umschlaggestaltung: Morian & Bayer-Eynck, Coesfeld
Umschlagmotiv: Artville Stock Images
Gesamtherstellung: Benedict Press, Münsterschwarzach

Die Deutsche Bibliothek - CIP-Einheitsaufnahme
Wunibald Müller
Meine Seele weint/ Wunibald Müller.
1. Aufl. – Münsterschwarzach:
Vier-Türme-Verlag, 1993
(Münsterschwarzacher Kleinschriften; Bd. 73)
ISBN 3-87868-467-3

ISSN 0171-6360

Inhalt

Vorwort   7

Prolog   11

I.   Die therapeutische Wirkung
    von literarischen Texten,
    den Klageliedern und Musik   15

    1. Die Fassung verlieren   15
    2. »Da bleibt kein Rat als
       grenzenlose Tränen«   18
    3. Herzzerreißende Klagerufe   19
    4. Musik als therapeutisches Bad   21

II.   Die therapeutische Wirkung
     der Psalmen   25

    1. Der Seele eine Stimme geben   25
    2. Aufgehoben im See der Zeit   26
    3. Eintauchen in eine Welt,
       die mich wärmt und umfängt   28

III. Selig sind die Trauernden –
     zur Bedeutung der Trauerarbeit   31

    1. Verlusterfahrung –
       ein tiefer Einschnitt   31
    2. Folgen nicht verarbeiteter Trauer   33

IV. *Förderung der Trauerarbeit*
     durch die Psalmen   37

     1. Verhinderung der Trauerarbeit
        in Gesellschaft und Kirche   37
     2. Der Begleiter
        als fleischgewordener Psalm   43

V.   *Der Trauerprozeß*   47

     1. Benommenheit:
        Nicht-Wahrhaben-Wollen   47
     2. Sehnsucht nach dem Verlorenen –
        Ausdruck und Vertiefung der Gefühle   49
     3. Trennung und Neuaufbruch   52

VI. *Therapeutische Wirkung*
     der Psalmen bei der Trauerarbeit   55

     1. Klagelieder und Psalmen   55
     2. Sich den Psalmen anvertrauen
        und ausliefern   57
     3. Das Rohe, Direkte,
        Unmittelbare der Psalmen zulassen   62
     4. Die Psalmen harmonisieren
        und lenken die Gefühle   70

VII. *Die Psalmen vergegenwärtigen*
     die Umfassung mit Gott   73

Epilog   79

Literatur   81

Vorwort

Ich erinnere mich an eine Situation in meinem Leben, in der ich innerlich sehr aufgewühlt, traurig, verzweifelt war. Eine Freundin, mit der ich darüber sprach und die sehr bald spürte, wie es in mir aussah, bot mir an, meinen Kopf in ihre Arme zu legen und machte es mir auf diese Weise leichter, meine Tränen fließen zu lassen, mich auszuweinen, zu schluchzen und so im Weinen meine ganze Trauer zuzulassen und auszusprechen. Ich erinnere mich deshalb so gut an dieses Ereignis, weil ich noch nie zuvor so intensiv erfahren hatte, wie befreiend und heilend es sein kann, wenn ich hemmungslos meinen Schmerz, meine Trauer, meine Tränen zulasse. Ich fühlte mich ganz einfach besser, wohler.

Zur Trauerarbeit, dem Prozeß der lebendigen Auseinandersetzung mit meiner Trauer, gehört das ungehemmte Zulassen und Ausleben meiner Trauer, wenn ich vermeiden will, daß sie in mir hängenbleibt, mich vergiftet, und wenn ich meine Trauer fruchtbar machen will für mein Leben. Menschen, die mich einladen, meine Trauer in ihrer ganzen Intensität und Rohheit zuzulassen, erweisen sich dabei als besonders hilfreich. Wo ich vor Gott meine Tränen hemmungslos ausschütten kann, wo ich ihn als jemanden erfahre, der mich in den Arm nimmt, an dessen Brust ich mich ausweinen kann, darf ich Erleichterung und schließlich Heilung erfahren. Dabei können mir Menschen helfen.

Aber auch Gebete können mir helfen, vor allem dann, wenn sie mich dazu einladen, es mir erleichtern, mir wirklich das von der Seele zu sprechen, was mich bedrückt. Insbesondere eignen sich dafür die Psalmen. Denn sie sprechen mich als ganzen Menschen mit Leib und Seele an, in meiner Tiefe, in meinem Gemüt, in meiner Mitte. Wo es mir gelingt, mich ihnen ganz anzuvertrauen und gleichsam mich von ihnen mitreißen zu lassen, helfen sie mir, aus der Fassung zu geraten und mich an die Stellen in mir zu führen, die es gilt anzurühren, in Bewegung und zum Ausdruck zu bringen. Wenn mich Trauer überfällt, oder ich an einem Verlust leide, laden sie mich ein, meine Tränen vor Gott auszuschütten, daß meine Seele weint (vgl. Ps 119,28). Sie sind dann wie ein Begleiter, ein Therapeut, eine Seelsorgerin, die mich durch die Art ihrer Anwesenheit und Begegnung ermutigen, meine Gefühle, meine Tränen auszuschütten. Das Beten und Einschwingen in die Psalmen hilft mir dann, daß ich, wie in der Begegnung eines Begleiters, mit meinen Gefühlen, mit dem, was mich im Tiefsten bewegt, meiner Seele, in Berührung kommen kann, daß ich meine Seele vor Gott ausschütten kann (vgl. 1 Sam 1,15).
Die folgenden Ausführungen wollen anregen, die therapeutische, heilende Wirkung der Psalmen für

die Trauerarbeit fruchtbar zu machen. Ich beschränke mich dabei auf einige mögliche Aspekte der therapeutischen Dimension der Psalmen und ihre Anwendung für die Trauerarbeit. Wichtige Überlegungen und Erkenntnisse verdanke ich dabei einem Vortrag von Frau P. Meckling (1989) zum Thema »Hypnotherapie der Psalmen«.

Dieses Buch widme ich meinem Vater zu seinem 70. Geburtstag.

Wunibald Müller

Prolog

... Und führte sie aus Finsternis und Dunkel
und zerriß ihre Bande ...
Ich spreche die Psalmworte
laut aus mir heraus
ich schreie
... daß er zerbricht
eherne Türen
und zerschlägt eiserne Riegel
ja,
breche auf in mir, was
... in Finsternis und Dunkelheit sitzt,
gefangen in Zwang und Eisen
sprenge es
auf daß ich weit werde
weit wie
das Land
die Natur
um mich herum
in die hinein
ich zu Dir
rufe und schreie
reiße heraus
die sich in mir festgesetzten Gedanken
und Gefühle vergangener Erlebnisse
die ich wie Gift in mir wirken spüre

Laß sie entweichen
gib sie frei
sie können in den See tauchen
oder sich in den Türmen der Abtei verkriechen
sie können von mir aus
auch den Weg in das Kircheninnere
der Abteikirche finden
und
sich vermischen mit den Psalmen der Mönche
oder dem Pfalzgrafen in seinem Sarkophag
Gesellschaft leisten

Nach einer anstrengenden Wanderung um den See
eng in Berührung mit dem See, dem Wald
dem mal weichen, dem mal steinigen Boden
immer wieder einen Blick
auf die Abtei werfend
rufe, schreie ich
... zerbrich eherne Türen
zerschlage eiserne Riegel ...
ich schreie mir von der Seele
was mich niederhält
bedrückt

und
ich spüre
wie
die Bänder
locker werden
die Türen
sich biegen

mancher Riegel
bricht

... die zum Herrn schrien in ihrer Not
und er führte sie aus ihren Ängsten

(Nach Psalm 107)

I. Die therapeutische Wirkung von literarischen Texten, den Klageliedern und Musik

1. Die Fassung verlieren

In der Therapie und im seelsorglichen Gespräch ist es wichtig, daß ich mich als Ratsuchender zunehmend fallen lassen kann, daß ich jene Strebungen in mir, die es wissen wollen, die reflektieren wollen, die an dem »warum« und »wie« interessiert sind, zügele. Denn, um mit jenen Seiten, Dimensionen, Tiefen in mir in Berührung zu kommen, die es im therapeutischen Prozeß anzusprechen, freizulegen, für die Heilung fruchtbar zu machen gilt, muß ich in einer gewissen Weise die »Fassung« verlieren. Jene »Fassung«, die einerseits eine notwendige Form für mein konkretes privates Leben, mein zwischenmenschliches und gesellschaftliches Verhalten bedeutet, andererseits aber auch zu einer für mich schädlichen Abgrenzung und Einengung führen kann. Diese Fassung gilt es zu sprengen und zu erweitern, um dem, was in mir zu leben drängt, den dafür notwendigen Spielraum zu eröffnen.

In der Therapie, im seelsorglichen Gespräch und in der geistlichen Begleitung versuche ich durch die Art meiner Anwesenheit, durch meine Offenheit, meine Annahme, meine Menschenfreundlichkeit, meine Liebe, mein Ansprechen der Gefühle und Bedürfnisse der Ratsuchenden zu helfen, mit diesen Bedürfnissen, Gefühlen und dadurch auch mit jenen Dimensionen, Seiten und Tiefen in Kontakt zu kommen, die durch die »Fassung« beeinträchtigt wurden, nicht zum Zuge kamen, ja sich eingesperrt vorkamen. Als Begleiter will ich die Menschen aus dieser Gefangenschaft herausführen, oder ihnen jedenfalls dabei helfen. So will ich den trauernden Menschen auf dem Weg hinter die »Fassung« begleiten, damit er diese Welt deutlicher sieht, erkennt, wahrnimmt, zuläßt, mit dem Ergebnis, daß dabei auch die Fassung verändert wird, manchmal sogar gesprengt wird, so schmerzvoll das im Augenblick auch sein mag. Ich will dem Menschen, der von tiefer Traurigkeit umfangen ist, weiterhelfen, dem Innersten in ihm eine Sprache zu geben. Was das Innerste in ihm will und fühlt, was es sagt oder sagen will, dem eine Stimme geben – dabei will ich helfen.

Dafür eignet sich in der Regel weder die Sprache der Philosophen und Theologen, noch die der Psychologen und Soziologen. Es eignet sich vielmehr die Sprache der Dichter, der Mystiker, der Künstler, der Kinder im Sinne von Friedrich Schiller, der sagt: »Was kein Verstand der Verständigen sieht, das übet in Einfalt ein kindlich Gemüt.« Es ist nicht die harte, beschreibende Sprache, nicht die Sprache der Wissenschaft, sondern die den

Verstand übersteigende Sprache der Bilder, Geschichten, Symbole und Mythen. Diese Sprache ist in der Lage, in den das Verstehen übersteigenden Bereich vorzustoßen, von dem her die Anregungen, Kräfte, Energien kommen können, die zur Heilung führen.

Um mit dieser Welt hinter der Fassung in Berührung zu kommen, sie zuzulassen, sie ins Wort zu bringen und angemessen ins Leben zu überführen, kann mir daher ein Bild, ein Gedicht oder Musik von ebenso großer Hilfe sein wie die Anwesenheit und die damit einhergehende Atmosphäre eines annehmenden, menschenfreundlichen Therapeuten. Lyrik und Musik können mich wegführen vom diskursiven Denken, vom Nachdenken über das »wie« und »warum«.

Je mehr ich mich auf ein Gedicht, auf ein Musikstück einlasse, desto mehr vermögen sie mich in ihren Bann zu ziehen, bis ich, wenn ich mich ganz fallen lassen kann, innerlich ganz aufgehe in ihnen und mich von ihnen und ihren Schwingungen und Stimmungen mittragen lasse. Jetzt kann das, was in mir an Stimmungen, Gefühlen, Sehnsüchten tatsächlich vorhanden ist, mitschwingen. Es kann sich an die durch Musik oder Gedichte vorgegebenen Stimmungen anhängen, die dadurch in mir wachgerufen werden. Der Einfluß der »Fassung«, der das Zulassen dieser Stimmungen, Sehnsüchte, Gefühle bisher unterband, ist dann wie ausgeschaltet. So sehr habe ich mich der Führung durch die Musik oder Poesie ergeben.

2. »Da bleibt kein Rat als grenzenlose Tränen«

Der liebeskranke Goethe, schon über 70 Jahre alt, hat sich immer wieder seine Elegie von Marienbad vortragen lassen, in der er seine grenzenlose Liebe und seinen Liebesschmerz in aufrüttelnder Weise zu beschreiben verstand:

»So warst du denn im Paradies empfangen
Als wärst du werth des ewig schoenen Lebens ...

Und in dem Anschauen dieser einzig Schoenen
Versiegte gleich der Quell sehnsüchtiger Thränen.

Wie regte nicht der Tag die raschen Flügel,
Schien die Minuten vor sich her zu treiben! ...

Der Kuss der letzte, grausam süss, zerschneidend
Ein herrliches Geflecht verschlungener Minnen; ...

Wie zum Empfang Sie an den Pforten weilte
Und mich von dannauf stufenweis beglückte;

Selbst nach dem letzten Kuss mich noch ereilte,
Den letztesten mir auf die Lippen drückte;
So klar beweglich bleibt das Bild der Lieben,
mit Flammenschrift in's treue Herz geschrieben ...

Nun bin ich fern! Der jetzigen Minute
Was ziemt denn der? Ich wüsst
es nicht zu sagen; ...

18

Mich treibt umher ein unbezwinglich Sehnen,
Da bleibt kein Rath als gränzenlose Thraenen.

So quellt denn fort! und fliesset unaufhaltsam;
Doch nie gelängs die innre Glut zu dämpfen!
Schon rasst's und reisst's
  in meiner Brust gewaltsam,
Wo Tod und Leben grausend sich bekämpfen ...

Mir ist das All, ich bin mir selbst verlohren,
Der ich noch erst den Göttern Liebling war;
Sie prüften mich verliehen mir Pandoren,
So reich an Gütern, reicher an Gefahr;
Sie drängten mich zum gabeseligen Munde,
Sie trennten mich und richten mich zu Grunde.«

Das Eintauchen in die Stimmung seiner Elegie half
Goethe, mit seinem Liebesschmerz in Berührung
zu kommen, ihn zuzulassen, um schließlich auch
wieder davon geheilt zu werden.

3. Herzzerreißende Klagerufe

In Griechenland kennt man heute noch in man-
chen Gebieten die Totenklage, die in Form von
Klagegesängen von sogenannten Klagefrauen vorgetragen werden (vgl. Canacakes 1987). Bei den
Klagegesängen, auch Myroloya genannt, handelt
es sich um eine Volksdichtung, eine spezielle
Volksliedkunst. Es sind Gedichte, lange Grabes-
hymnen mit einem feststehenden Versmaß. Sie
werden aus dem Stegreif gesungen, Melodie und

Text werden jeweils während des Trauerrituals neu erfunden. Jorgos Canacakes, der sich sehr viel mit den Myroloya befaßt hat und an vielen Darbietungen selbst teilgenommen hat, sagt von den Klagefrauen: Es sind Frauen, die ihre Trauergefühle in selten schönen Gedichten und Gesängen zum Ausdruck bringen. Wenn diese Frauen ihre Dichtung »komponieren«, bleibt kein Auge trocken. Alle Anwesenden können, wenn sie wollen, damit zu ihrer Trauer finden.

Die Klage wird durch rhythmische Bewegung der Hände, des Kopfes, des ganzen Körpers begleitet. Wenn das Gefühl und die Betroffenheit in den Vordergrund treten, ändert sich die Lautstärke; Rhythmus und Melodie machen dann den Eindruck eines tranceartigen oder ekstatischen Zustandes (vgl. Canacakes 1987, 96). Die Knie werden im Sitzen zurückgezogen und angespannt, der Kopf wird entblößt, die Haare bedecken das ganze Gesicht. Wenn der Trauerschmerz stark wird, schlagen sich die Trauernden auf die Brust, ziehen sich an ihren Haaren, reißen sich sogar manchmal die Haare aus. Sie steigern sich oft in laute, unartikulierte herzzerreißende Klagerufe. Die übrigen Klagenden beteiligen sich an der Klage durch Mitsingen, durch Wehklagen und Wehrufe, die wie ein weiches Stöhnen klingen.

Die Klagelieder erweisen sich somit als ein ganz natürliches therapeutisches Ausdrucksmittel, die im Falle der Trauer in uns vorhandene Stimmung zu treffen, anzusprechen, zuzulassen und zum Ausdruck zu bringen. Dazu kommt, daß es nicht

beim verbalen Artikulieren der ganz unterschiedlichen Gefühle von Trauer, über Wut bis hin zur
Dankbarkeit, bleibt, sondern die Gefühle zum Teil
auch durch körperliche Bewegungen ausagiert
werden. Entscheidend aber ist, daß die Trauer-
gesänge die Trauernden einladen, sich von ihnen
mitnehmen zu lassen, damit aber wirklich in die
Trauer einzutreten, sie zuzulassen, sich mit Leib
und Seele davon treffen zu lassen.

4. Musik als therapeutisches Bad

Auch Musik kann helfen, was mich innerlich bewegt, anzusprechen, zuzulassen und zum Ausdruck zu bringen. Stephanie Merritt (1990)
schreibt: »Musik kann helfen deine Gefühle fließen zu lassen. Wenn die Bedingungen zu angster-
regend sind, diese Gefühle loszulassen, dann
kannst du mit einer entsprechenden Musik helfen, daß deine Gefühle zum Ausdruck kommen.
Wenn du der Musik erlaubst dir zu helfen, deinen
Schmerz und deine Traurigkeit zu erfahren, dann
wird auch die blockierte Freude sich nach vorne
Ausdruck verschaffen, ihre Vitalität zulassen und
sich auf deine Arbeit, deine Beziehungen und deine Unternehmungen auswirken. Musik kann helfen, die Türen zu den vollen Möglichkeiten deiner eigenen Kreativität zu öffnen.«
Musik, so Stephanie Merritt weiter, stimuliert
die intuitive, kreative Seite in uns. Es ist jene Seite, die in der Therapie in besonderer Weise angesprochen wird und für den heilenden Prozeß

fruchtbar gemacht werden soll. Bisher verhinderte Gedanken und Gefühle, die von der logischen, kritischen, analysierenden und nur denkerischen Seite abgehalten wurden, dürfen jetzt an die Oberfläche kommen.

Musik beeinflußt uns auf der unbewußten Ebene. Die Bilder, die aus dem Zuhören entstehen, werden nicht dem Prozeß einer kritischen Analyse unterzogen, was mit sich bringt, daß sie tief in unser Unbewußtsein eindringen. So mögen wir uns, sagt Stephanie Merritt, ganz plötzlich angespannt, den Tränen nahe oder wie ein Kind erleben, ohne daß wir wissen, was dieses Gefühl in uns auslöst.

Stephanie Merritt verweist auf Pythagoras, der das Universum mit einem Musikinstrument vergleicht. Er glaubt an eine kosmische Vibration, die in den Menschen durch seinen Verstand einzudringen vermag. Wer sich im Einklang mit der kosmischen Vibration befindet, ist eine gesunde Person. Pythagoras gibt daher den Ratschlag, den Tag mit Musik zu beginnen und zu beenden, da jener, der der Musik lauscht, sich dadurch von den Konflikten und Sorgen des Tages zu befreien vermag.

Musik enthüllt also unsere Gefühle wie ein innerer Spiegel und bringt uns in die Lage, die Gefühle auszudrücken, die wir sonst unterdrückt hätten. Indem sie Trauer, Freude oder Angst nahelegt, ruft die Musik unsere eigenen Gefühle wach und erlaubt uns diese Gefühle zu fühlen und auszudrücken. Musik ist, so Stephanie Merritt, ein psychologisches Bad. Wenn ich mich in dieses Bad begebe, reinigt es mich von dummen Zurückhaltungen und früheren Traumata.

II. Die therapeutische Wirkung
der Psalmen

1. Der Seele eine Stimme geben

Was ich hier von der Wirkung von Lyrik, Klagelieder und Musik sage, könnte sicher auch am Beispiel der Kunst, etwa des Malens oder der Bildhauerei, verdeutlicht werden. Es läßt sich auch auf die Psalmen übertragen. Bei den Psalmen handelt es sich nicht um wissenschaftliche oder theologische Reflexionen oder gar scharfsinnige theologische Erörterungen. Sie sind Gedichten oder einem Musikstück vergleichbar. Sie vermögen mich wie Poesie oder Musik an die Hand zu nehmen und mich, wenn ich mich ganz ihrer Führung überlassen kann, auf einen Weg zu führen, der mich in meine Tiefen, in die Wirklichkeit hinter meiner äußeren Fassung führt.

Das heißt, die Psalmen können wie Poesie und Musik therapeutisch wirken und jenen Bereich hinter der Fassung zum Schwingen bringen, beleben, ihm zum Durchbruch verhelfen. Sie können zum Beispiel wie die Klagelieder den Prozeß der Trauerarbeit erleichtern und fördern, indem sie zu dem Kanal werden, durch den die Trauer ausfließen kann. Sie können, wie bei dem schon greisen, liebeskranken Goethe das ständige Aufsagen und Eintauchen in seine Elegie zur Überwindung seiner Trauer beitrug, zur Heilung führen, helfen, wieder in eine Balance zu kommen. Sie können den Stimmungen, Gefühlen und Sehnsüchten in uns zum Ausdruck verhelfen, ihnen eine Stimme geben. Damit tragen sie wie ein Gedicht oder ein Stück Musik zur seelischen Katharsis bei, können auf diese Weise therapeutisch, heilend wirken. Für den religiösen Menschen führen die Psalmen darüber hinaus in jenen Bereich, der letztlich nur über die Sprache des Glaubens zugänglich ist. In jenen Bereich, wo es um das Alles-Entscheidende, das Letzt-Endlich-Bedeutende geht. Vermag ich mich ihnen total anzuvertrauen, ebnen sie auch meiner Sehnsucht nach Gott den Weg.

2. Aufgehoben im See der Zeit

Wenn ich mich einschwinge in den Rhythmus der Psalmen, werde ich weggetragen von einem Zeitverständnis, das mich festlegt in ein Gestern, Heute und Morgen. Meine Zeit beginnt nicht mehr länger irgendwann und bewegt sich irgendwohin, um irgendwann zu Ende zu sein. Sie ist nicht länger wie ein Fluß, der sich unaufhörlich in eine bestimmte Richtung bewegt, sondern ein tiefer See. Ein See, in dem ich verweilen darf. Ich darf mir Zeit nehmen, zu mir zu kommen. Ich darf ganz im Moment leben und im vollen Verweilen im Augenblick zugleich etwas vom Ewigen erahnen. Die Hektik, das »Streben nach«, fällt von mir ab.

Ich lasse mich nicht länger treiben. Ich bleibe in meinem See. Und je länger ich darin verweile, desto mehr komme ich in Berührung mit mir – äußerlich und innerlich.

Ich spüre meinen Körper und werde zunehmend sensibler für die Stimmen meiner Psyche und Seele. Jetzt werde ich nicht länger abgelenkt davon. Leib und Seele selbst können zur Ruhe kommen. Endlich dürfen sie den ständigen Druck des Funktonieren-Müssens, der Pflicht, der Leistung unterlaufen, sich gehen lassen und einfach alles sein lassen.

Jetzt erst spüren sie, wie erschöpft sie sind, wie beschädigt und reparaturbedürftig. Langsam kommen sie zur Ruhe. Und sie fangen an, es zu genießen, sich im See der Zeiten ausstrecken und ausdehnen zu können. Ruhe überkommt sie. Gelassenheit macht sich breit. Das Gestern und Morgen verliert an Bedeutung. Ja, ich bin. Ich bin jetzt. Hier und da. Ich lebe. Gerade jetzt.

Die Erfahrung des Jetzt wird immer dichter. Sie geht immer tiefer. Sie umhüllt mich immer mehr. Bis sie übergeht in ein Erahnen dessen, was es heißt, wenn die Zeit endgültig stillsteht. Wenn der Moment des Augenblickes zur Ewigkeit wird.

Ich selbst bin dann wie aufgegangen und zugleich aufgehoben im See der Zeit. Einst wird dort für immer mein Platz sein. Jetzt finde ich hier die Ruhe und Rast, die ich benötige, um wieder zu mir zu finden, um zu meinen Wurzeln und zu meinem Fundament vorzustoßen. Mit meiner Tiefe und meinem Grund in Kontakt zu kommen. Das Ewige, Zeitlose in mir wieder mehr zu spüren und zu erfahren. Jetzt verankere ich mich wieder dort, halte mich daran fest. Das hilft mir, wieder ins Lot zu kommen, die Ereignisse in meinem Leben so zu gewichten, daß ich zunehmend wieder die Balance finde. Ich treibe nicht länger wie ein führerloses Schiff auf hoher, stürmischer See. Ich vermag mich zunehmend wieder zu orientieren, Herr meiner Lage zu werden. Ich bin wieder in Kontakt mit dem, was tiefer und höher ist, was alle räumlichen und zeitlichen Kategorien übersteigt. Damit bin ich wieder verankert und im Bewußtsein der Erfahrung und dem Erahnen dieser Verbundenheit, überlasse ich mich wieder der fließenden und mich treibenden Zeit, dem Leben.

3. Eintauchen in eine Welt, die mich wärmt und umfängt

Sich auf die Psalmen einzulassen, sich in ihre Welt einzulassen, ja sich von ihnen aufsaugen zu lassen, ist wie ein Sich-Einlassen in eine eigene Welt. Ja, es ist so, als trete ich ein in eine Welt und eine Sphäre, die mit meinem Eintreten zu meiner Lebenswelt wird. Sie bietet mir einen Lebensraum an, der mich auffängt und umfaßt. Ich betrete eine Welt, die mir Geborgenheit vermittelt. Es ist eine Welt, der das Stöhnen der Erde, das Unberechenbare und Auf und Ab des Menschlichen nicht fremd ist, ja die geradezu geformt ist vom Drama des Menschlichen. Zugleich ist es eine Welt, die um den größeren Zusammenhang und Zusammenhalt weiß, in der wie selbstverständlich die allen Prozessen, allem Tun und Werden zugrundeliegende Wirkkraft Gottes immer wieder aufscheint. Nicht halsschreierisch und im Predigerton. Sie taucht auf in diesem Gefühl des selbstverständlichen Eingebundenseins in die Beziehung zu Gott, der da ist und mit dem zu rechnen ist. Es ist eine Welt, die viele und die schlimmsten Erschütterungen aushalten und ertragen läßt. Denn, so sehr diese Erschütterungen zugelassen werden und durchgelebt werden müssen: Sie führen letztlich nicht zur endgültigen Verzweiflung, da sie nicht vermögen, ganz und für immer abgeschnitten zu werden von Dem, der unerschütterlich bleibt und, mag meine eigene Welt noch so sehr zittern und beben, mich hin- und herschütteln, mir Halt gibt. Auch dann, wenn ich im Augenblick der größten Erschütterung glaube, von Ihm losgerissen worden zu sein.

Das ist auch eine Welt, die mich umgibt, der Mantel, in den ich mich hülle, wenn ich eintauche in die Welt der Psalmen. Sie vermitteln immer wieder diese ganzheitliche Umfassung mit der Natur, der Schöpfung, mit Gott. Es ist eine Welt, meine Welt, in der ich aufgehoben bin, weil ich ihr einverleibt bin, mag ich mich auch noch so sehr als von ihr entwurzelt erleben. Immer wieder wird mir versichert, daß ich mit Gottes Hilfe rechnen darf, auch wenn es nach außen hin nicht so erscheint. Der Glauben an Gottes Anwesenheit ist unerschütterlich.

Die Psalmen helfen mir, wieder den Zugang zu Ihm zu bekommen, die Fäden, die mich mit Ihm verbinden, wieder zu spüren, auch dann, wenn ich keinen Boden mehr unter den Füßen spüre. Sie helfen mir, den Weg hinaus, ins Weite, zu wagen, im Vertrauen darauf, daß Er da ist und mit mir ist. Wo ich geknickt und erschlagen bin und zunächst resignieren, zurückgehen will – innerlich und äußerlich – und das auch für eine Weile tue, ebnen sie mir mit den Weg, wieder den Weg nach vorne zu gehen mit der unerschütterlichen Zuversicht, daß Du, mein Gott, mir weiterhilfst, daß Du mich begleitest, daß Du, wo im Moment Finsternis und Dunkelheit mich befällt, Licht und Helligkeit schaffst.

Was das heißt, wird deutlich, wenn ich mir vergegenwärtige, welch ein Schritt das ist für Eltern, die ihr Kind verloren haben; für den Aids-Erkrankten, dessen Tage gezählt sind; für den Ehepartner, der durch Scheidung den Menschen verliert, mit dem er Jahrzehnte seines Lebens Freud und Leid geteilt hat; für unheilbar Kranke, die ein Leben lang den Schmerz und die Behinderung ertragen müssen; für den Menschen, der alles um sich herum nur trüb und grau erlebt.

III. Selig sind die Trauernden – zur Bedeutung der Trauerarbeit

1. Verlusterfahrung – ein tiefer Einschnitt

Die Fähigkeit, trauern zu können, ist Ausdruck seelischer Gesundheit. Wer angesichts der Erfahrung von Verlust mit seinem Schmerz, den er darüber empfindet, in Berührung ist und diesen Schmerz auch in einer angemessenen Weise durch Worte, Weinen, Schluchzen, Gesten und Handlungen in eine nonverbale und verbale Sprache umsetzen kann, der kann fürwahr, wie es in den Seligpreisungen heißt, seliggepriesen werden. Trauer ist eine normale und gesunde Reaktion auf einen Verlust. Je tiefer dieser Verlust geht, das heißt, je wichtiger die Sache oder der Mensch, den ich verliere, für mich ist, auch im Sinne von wesentlich, desto stärker und wesentlicher wird im normalen Fall meine Trauer sein.

Der Verlust des eigenen Kindes ist, so Jorgos Canacakes (1987), der schwerwiegendste Verlust, der einen Menschen treffen kann. Fehlgeburt, Totgeburt, oder ein Schwangerschaftsabbruch können einen sehr tiefen Einschnitt bedeuten. Das gilt auch für Trennungen und Scheidungen. Doch auch der Verlust an Arbeit, der Verlust von

Anerkennung, große persönliche Niederlagen oder der Verlust von Einstellungen, Überzeugungen und Bindungen, die meinem Leben einen Sinn und Halt vermittelten, können mich in eine tiefe Krise stürzen, mich innerlich und äußerlich erschüttern.

Die Erfahrung von großen Verlusten ist einem tiefen Einschnitt vergleichbar. Ein Schnitt bringt uns in Kontakt mit Seiten und Gefühlen von uns, die bisher unter einer dicken Schicht verborgen gehalten wurden. Er führt uns somit wieder näher an uns heran, wie wir wirklich sind, indem er uns mit Teilen von uns konfrontiert, die wir gerne übergehen wollen.

Der Schnitt trennt mich von etwas, von jemanden, der mir lieb ist, auf den so Vieles, Wesentliches und Intimes von mir ausgerichtet ist, sich dort festgemacht hat. Die Gefühle sind noch da, doch sie können dort nicht mehr landen. Sie sind nach wie vor auf das geliebte Objekt, den geliebten Menschen ausgerichtet, ohne ihn zu erreichen. Auch bleibt die erwartete Reaktion, die erhoffte Antwort aus. Das tut weh. Je mehr uns der andere bedeutete, desto schmerzvoller ist die Trennung für uns. Desto tiefer geht der Schnitt. Und je tiefer der Schnitt geht, desto stärker trifft er uns in unserer Mitte.

Trauernde fühlen sich, wie wenn sie eine große Wunde wären. In ihrem Elend, in ihrem Weinen und in ihrem Schmerz erleben sie sich wie eine klaffende Wunde. Sie fühlen sich ungeschützt, besonders verletzbar, krank, angeschlagen und schwach. Ihnen ist etwas angetan worden. Sie sind verletzt worden. Eine Wunde ist ein unübersehbares Zeichen, aber auch ein Signal dafür, daß der normale Rhythmus unterbrochen worden ist, daß irgendetwas einer besonderen Aufmerksamkeit und Berücksichtigung bedarf. Ich kann nicht einfach zur Tagesordnung übergehen. Genau das trifft auch auf die Trauer zu. Sie kann nicht einfach übergangen, links liegengelassen, gar unterdrückt oder verharmlost werden. Geschieht das, wird es mit der Trauer so sein, wie mit einer Wunde, die nicht heilt oder nicht schön heilt, die immer wieder aufbricht, eitert oder gar anhaltend schlimmer wird.

2. Folgen nicht verarbeiteter Trauer

Wie notwendig eine angemessene Verarbeitung der Trauer ist, zeigen Untersuchungen über die Folgen nicht verarbeiteter Trauer. Von einer abnormen oder krankhaften Trauerreaktion spricht man in der Psychiatrie, wenn der normale Trauerablauf »gestört ist, z. B. daß er abgekürzt wird, z. B. durch aufgezwungene gesellschaftliche Verhaltensregeln, durch unerträgliche Einsamkeit nach dem Verlust eines Menschen, durch Versagen in neuer Situation, durch Selbstvorwürfe wegen eines wirklichen oder vermeintlichen Versäumnisses bei der Betreuung des Verlorenen, durch eine ambivalente Einstellung und verdrängte Aggressionen gegen ihn« (Schulte/Tölle 1977, 67). An die Stelle der normalen Trauer können körperliche Krankheiten treten. So konnte der Psychiater Erich Lindemann (1985, 41) nachweisen, daß aus einer Untersuchungsgruppe von 41 Patienten mit Colitis Ulcerosa, einer Darmerkrankung, 33 Patienten kurz nach dem Verlust einer emotional wichtigen Person diese Krankheit entwickelten. Erich Lindemann schreibt dazu: »Das psychische Zustandsbild in akuten Phasen dieser Erkrankung ist oft das einer pathologischen Trauerreaktion, bei der die angemessene Trauer durch eine psychische und organische Störung ersetzt wird.« In einer anderen Studie konnte nachgewiesen werden, daß der Prozentteil der verwitweten Ehepartner, die innerhalb von sechs Monaten nach dem Tod des Partners starben, um 40% höher lag als bei den verheirateten Männern der gleichen Altersgruppe.

Zurückgehaltene Trauer, wie zum Beispiel Trauer über nicht erfüllte Erwartungen und Enttäuschungen in Ehe und intimer Freundschaft, kann sich, so Jorgos Canacakes (1987, 37f.) in Alkoholismus und anderen Suchttendenzen äußern. Weiter meint er: Wir kennen eine Fülle von Konsequenzen, die beobachtet werden können, wenn eine Trauerreaktion nicht natürlich abläuft. Bei Männern und Frauen zeigen sich dann körperliche Reaktionen wie Schmerzen im ganzen Körper, Atembeschwerden, Herzbeschwerden, Verdauungs- und Appetitbeschwerden, Muskelschwäche, Einschlafschwierigkeiten und nächtliches Erwachen, Gewichtsschwankungen, häufige Infektionskrankheiten, Leberzirrhose.

Anstelle normaler Trauer können Versteinerung, Abkapselung, eventuell Verbitterung und Ressentiments auftreten, sowie Aggressionshaltungen der Umwelt gegenüber. Nicht zugelassene Trauer kann auch später zu starken Depressionen führen. Ein Junge beispielsweise, der beim Tod seiner Mutter glaubt, tapfer sein zu müssen und seine Traurigkeit und seinen Schmerz nicht in einer angemessenen Weise zuläßt, mag später Depressionen entwickeln, ohne daß er zunächst die Ursachen dieser Depression erkennen kann. Es ist kein Wunder, meint Jorgos Canacakes (1987, 37f.), daß Depression heute die am häufigsten vorkommende seelische Krankheit ist. Wenn man das Heer von trauernden Menschen sieht und die organisierte Verhinderung von Trauer wahrnimmt, so Jorgos Canacakes, sollte man nicht allzu erstaunt darüber sein, daß die meisten von uns Gefahr laufen, depressiv zu werden.

IV. Förderung der Trauerarbeit durch die Psalmen

1. Verhinderung der Trauerarbeit in Gesellschaft und Kirche

Es ist eigentlich erstaunlich, daß trotz dieser Erkenntnisse die Möglichkeiten und Angebote, wirkliche Trauerarbeit zu leisten, recht begrenzt sind, ja es sich vielfach so verhält, wie Jorgos Canacakes (1987, 36) feststellt, daß »persönliche Erfahrung mit Trauer wegen gesellschaftlicher Normen, Klischees und Rollen, die wir spielen müssen, oft verhindert wird. Weder die Gesellschaft noch die Kirche konnte bis jetzt trauernde Menschen auf breiter Ebene unterstützen und beraten ... Es fehlen Menschen und Gruppen, die mit Betroffenen das Leid teilen können, ohne Angst zu haben, von anderen abgewiesen zu werden, mißverstanden zu sein und das Gefühl zu haben, andere damit zu belasten. Es fehlen uns Menschen, die nachahmenswert wären in Sachen Trauer. Es fehlen Rituale, die unseren Weg durch die Trauer heller machen können.«

Recht deutlich ist Jorgos Canacakes (83f.) in seiner Kritik an Kirche und Gesellschaft, wenn er sagt: »Ich habe das Gefühl, daß die christlichen

Kirchen in den Fragen von Verlust und Trauer manches übersehen, was nicht vernachläßigt werden dürfte. Es scheint, ihre Vertreter neigen zum Nichtwahrnehmen von Gefühlsregungen, bei der eigenen Person so gut wie bei den Gläubigen. Typische Begleiterscheinungen dabei sind Verunsicherung und Orientierungslosigkeit, die sich bis zu schweren, belastenden Zweifeln am eigenen Glauben steigern können ... Die Hoffnung auf das Weiterleben findet sich bei den meisten Gläubigen. Wenn sie in eine Verlustkrise geraten, ist der Konflikt schon vorprogrammiert: Die Trauer wird aufgeschoben, weil sie wegen des Weiterlebens im Jenseits nicht sonderlich berechtigt ist. Aber ein Hinterbliebener bleibt ja diesseits bei den Lebendigen. Da die Lebendigen natürlicherweise Schmerzen spüren und auch Ängste haben, muß er versuchen, weder den Schmerz noch die Angst zu spüren. Gefühllosigkeit ist eine Eigenschaft, deren sich nur unbelebte Materie und die Toten rühmen dürfen. Der Glaube an das Jenseits verbietet sozusagen die Trauer. Die Betroffenen tragen den Verlustschmerz tapfer, aus Angst, ›ungläubig‹ zu erscheinen, und begegnen dem Bedürfnis, sich auszuweinen, mit Schweigen und Erschweigen.«

Ich erinnere mich, wie ein Priester am Grabe eines tödlich verunglückten 20jährigen Jungen sagte, daß der Christ angesichts dieser Situation nicht trauere, da er ja wüßte, daß es ein Leben nach dem Tode gibt. Ich konnte es nicht glauben, daß jener Priester so leichthin über die menschliche Situation hinwegreden konnte und das im Angesicht der zutiefst erschütterten Eltern, Verwandten und Freunde. Dabei bedurften sie sehr wohl seines Trostes, auch der Zusage, daß der Junge bei Gott aufgehoben ist. Doch zugleich bedurften sie der Erkenntnis, ja der Aufforderung, ihre Trauer zuzulassen. Zuzulassen, daß der Verlust des geliebten Kindes, Bruders, Enkels, Neffen, Freundes, wirklich zutiefst in ihr Herz hineinschneidet, sie schier umbringt, sie zutiefst aufwühlt. Erst wo diese Trauer zugelassen wird, besteht die Aussicht, daß der Junge mit der Zeit wirklich losgelassen wird, wirklich sterben darf, um schließlich seinen Platz in den Herzen derer, die ihn über alles lieben, zu erlangen. Erst aus dem menschlichen, schmerzvollen Durchleben der Trauer erwächst die auch menschlich spürbare Gewißheit, daß er bei Gott seinen Platz gefunden hat.

Als vor einigen Jahren mein Neffe Michael bei einem Verkehrsunfall ums Leben kam, faßte ich meine Gefühle und Betroffenheit in folgenden Worten zusammen, die ich im Rahmen des Trauergottesdienstes für ihn vortrug. (Vgl. Müller 1990)

Michael ist tot
Wir können es noch nicht glauben,
wir wollen es noch nicht wahrhaben,
wir Können es auch noch nicht akzeptieren.
Und doch wissen und spüren wir:
Michael ist tot.
Wir Können im Moment nur weinen,
nach ihm rufen, nach ihm schreien.
Wir vermissen ihn. Er fehlt uns.

Und es tut so *unsäglich weh*,
daß er nicht mehr da ist.

Diesen *unsäglichen Schmerz* über den Tod von
Michael
kann uns niemand einfach wegnehmen.
Diesen Schmerz braucht uns niemand zu nehmen.
Dieser Schmerz ist ein Zeichen unserer Liebe zu
Michael.

Was wir brauchen ist
euer *Mit-Leiden*,
euere Bereitschaft mit uns zu gehen in dieser
Traurigkeit.

Vor allem die Eltern von Michael, seine
Schwestern, seineFreundin, seine Großeltern,
Verwandte und Freunde wollen jetzt spüren:

Wir sind bei euch!
Wir brauchen euch,
um inmitten all der Traurigkeit und Verzweiflung
Gottes Nähe und Fürsorge zu spüren.

Gott braucht uns Menschen,
um durch uns,
durch unsere Liebe und Fürsorge,
seine Liebe,
seine Fürsorge, zum Ausdruck zu bringen.
Wie auch Michael oft
durch seine Liebe, Herzlichkeit und Fürsorge

vielen von uns
Gottes Nähe und Fürsorge vermittelte.
Sie brauchen uns
unsere Fürsorge und Liebe,
da sie gerade jetzt
Gott,
seine Nähe und Fürsorge
benötigen.

Michael ist tot. Und doch – er lebt.
Er lebt in diesem Moment in unserem Schmerz,
er lebt in unserer Liebe zu ihm,
er lebt in seiner Liebe zu uns.

Er lebt in der Sorge
und in der Liebe so vieler Menschen,
einer Sorge und Liebe,
die gerade durch seinen Tod
so lebendig geworden ist.
Er lebt vor allem aber
in dem Bereich,
von dem wir nichts wissen,
den wir manchmal erahnen,
an den wir aber nur glauben können.
Glauben aber heißt:
Das Herz geben,
aus ganzem Herzen sich auf etwas einlassen.
Glauben heißt für mich in dieser Situation:
Aus meinem ganzen Herzen,
aus meiner ganzen Seele,
mit all meiner Kraft,

mit all meinem Denken,
bin ich überzeugt,
glaube ich,
daß Michael
in diesem anderen Bereich,
von dem ich weniger kenne als von einem Eisberg,
von dem ich gerade die kleine Spitze sehe,
daß Michael dort,
einen gütigen Gott,
angetroffen hat,
der ihn in seinen Arm nimmt,
der ihn an sich drückt,
der mit ihm weint,
über seinen Verlust, den Verlust aller Menschen,
die er so gerne hatte,
die ihm so viel bedeuteten.

Ich bin überzeugt, ich glaube,
daß Gott
wie Jesaja sagt,
ihn tröstet,
wie eine Mutter ihren Sohn tröstet.
Gott ist Michael nahe,
auch weil Michael gerade jetzt ihn braucht.
Gott ist uns nahe,
auch weil wir ihn gerade jetzt brauchen.

Gott ist Michael nahe,
Gott ist uns nahe,
durch Gott ist Michael uns nahe
und wir Michael.

Michael ist tot – und doch: er lebt!

2. Der Begleiter als fleischgewordener Psalm

Nichtverarbeiteter Trauer, die sich in meiner Seele eingenistet und breit gemacht hat, dort Nischen gefunden hat, muß der Weg nach außen gewiesen werden, behutsam und bestimmt zugleich. Beim gekreuzigten Christus stimmten seine Mutter Maria, Martha und andere Frauen den Klagegesang an. Nach dem alten Testament waren es wehklagende Frauen, welche die Trauerrituale bereicherten. In den christlichen Kirchen wurden schon sehr früh, so Jorgos Canacakes, Einwände gegen heidnisches Brauchtum angemeldet. Kirchenväter wandten sich gegen Übertreibungen in Trauerbräuchen. So heißt es u.a. bei ihnen: »Verhaltensweisen wie starkes Schreien, längeres Weinen, Auf-die-Brust-schlagen, Kratzen des Gesichts, so daß es blutet, sowie das Entkleiden von Armen und Brüsten sind zu unterlassen.« Die kritische Einstellung der Kirche gegen den leidenschaftlichen Ausdruck von Trauer hatte Folgen, die bis heute zu spüren sind. Dabei ist es Thomas von Aquin, der die Trauer zu den vier Leidenschaften zählt.

Die Psalmen bieten sich im therapeutischen und spirituellen Kontext als eine ausgezeichnete Möglichkeit an, den Trauerprozeß zuzulassen und zu fördern. Sie können, herzhaft gesprochen und gebetet, zunehmend das Gespür entwickeln, auch in dem verstanden zu werden, was wir ganz tief verborgen und für uns selbst noch nicht ganz verständlich, empfinden. Sie können der Seele, dem was sie empfindet, eine Stimme geben. Sie sind dann wie ein einfühlsamer Begleiter, der mit dem Menschen klagt, flucht, fleht, schreit, der beschwerten und erstarrten Seele zum Weinen und Schluchzen verhilft, damit sie sich schüttelt und dabei auch ihren Schmerz und ihre Verzweiflung ausschüttet, sie sich wieder spürt und durch die heftigen Bewegungen wieder mit dem Leben in Berührung kommt, es wieder spürt und zuläßt.

Die Psalmen können auf der anderen Seite aber auch so etwas wie ein Vorbild und Modell sein für Männer und Frauen, unter ihnen Therapeutinnen und Seelsorger, die Menschen, die einen Verlust erlitten haben, begleiten. Die Psalmen machen es mir leichter, mich zunehmend fallen lassen zu können. Je mehr ich mich ihnen anvertraue, um so mehr nehmen sie mich einfach mit. Entscheidend ist, daß ich mich auf sie einlassen kann, daß sie mir etwas signalisieren, etwas ausstrahlen, das mir sagt: Du kannst mit allem, was du hast, was dich bedrängt, was dir Freude macht, zu uns kommen. Du bist willkommen. Und ich danach die Erfahrung machen darf, o Gott, ja, ich werde verstanden. Im Sprechen und Beten der Psalmen kann ich die Erfahrung machen und spüren, daß das angesprochen, zum Ausdruck gebracht wird, was in mir an Gedanken, Gefühlen, Sehnsüchten vorhanden ist, daß ich mit Leib und Seele als ganzer Mensch in ihnen vorkomme.

Genau das aber will ich auch als Seelsorger und Therapeut, als Helferin und Begleiterin, den Menschen, die zu mir kommen, vermitteln: Die Erfahrung, Resonanz zu finden, in dem, was sie wirklich in sich spüren, denken und fühlen, verstanden zu werden. Ja in der Begegnung mit der Begleiterin mit Seiten von sich in Berührung zu kommen, die sie mit dem, was wirklich in ihnen vor sich geht, noch mehr in Kontakt bringt. Als Begleiter will ich Trauernden helfen, sich mir zunehmend zu öffnen, sich auf mich einzulassen, sich mit meiner Hilfe fortreißen zu lassen hin zu der Tiefe und Höhe, die sie weiter, höher, tiefer werden läßt, die bisher unentdeckte, vernachlässigte Seiten in ihnen entdecken und für ihr Leben fruchtbar machen läßt.

Ob die andere sich wirklich vor mir total aussprechen kann, mir das sagt, wonach sie sich eigentlich zutiefst sehnt, wird auch davon abhängen, wieviel Offenheit, Toleranz, Weite ich ihr gegenüber ausstrahle. Je mehr ich ihr – der Hilfesuchenden – vermittele, bei mir darfst du alles aussprechen, mag es noch so tabuisiert sein, desto mehr wird sie bereit sein, sich wirklich das von der Seele zu sprechen, was sie berührt. Daß es da jemanden gibt, bei dem sie das kann, ist ganz entscheidend für eine Heilung. Als Seelsorger und Therapeutin will ich das Tiefste in den Menschen ansprechen. Zu diesem Tiefsten gelange ich aber auf der menschlichen Ebene nur, wenn ich selbst mit meinem Tiefsten in Berührung bin, im Tiefsten um mich weiß. Menschen, die zu ihrer inneren Tiefe vorgestoßen und von dort her wieder zurückgekommen sind, besitzen oft eine besondere Lebensqualität. Sie werden zu verwundeten Heilern.

Wie jemand in seiner Not in die Welt der Psalmen eintauchen kann, sich dort verlieren darf, weil er sich zugleich gehalten weiß, so soll die in Not Geratene in der Begegnung mit dem Seelsorger und der Therapeutin sich fallenlassen können, ausgesetzt wie sie sich fühlt, im Vertrauen, gehalten zu sein. Ihr Begleiter ist dann wie ein zu Fleisch gewordener Psalm, der sich ihr als Wegbegleiter anbietet, mit ihr den Weg in die Tiefe geht, sie dabei ermutigt, bestärkt, ihr Annahme und Nähe schenkt, manche Last mit ihr trägt. Und in all dem ist er das zu Fleisch gewordene Wort Gottes, kommt durch ihn die Zusage seiner Begleitung, Hilfe und Nähe zum Ausdruck.

V. Der Trauerprozeß

Der trauernde Mensch durchläuft in der Regel in seiner Trauer verschiedene Phasen. Wie jeder Versuch, einen psychodynamischen Prozeß zu systematisieren, so kann auch der Versuch, den Trauerprozeß in ein System zu bringen, zu Fehleinschätzungen führen, wenn in der Begegnung mit Trauernden und in der Auseinandersetzung mit der eigenen Trauer zu wenig von dem, was tatsächlich da ist, und zu sehr von dem, was eigentlich da sein sollte oder müßte, ausgegangen wird. Ein Überblick über die einzelnen Stufen kann aber helfen, wacher zu werden für die Gefühle, Einstellungen, Erfahrungen, Erfahrungsweisen, die tatsächlich bei Trauernden vorhanden sind. Er kann zugleich helfen, offener und bereiter zu sein, die Prozesse zuzulassen, die den Trauerprozeß und die Trauerarbeit fördern.

1. Benommenheit: Nicht-Wahrhaben-Wollen

Ein Zustand von Benommenheit und des Nicht-Wahrhaben-Wollens kennzeichnet die erste Phase des Trauerprozesses. Man ist geschockt, fühlt sich wie gelähmt, ist nicht in der Lage, in der sonst

üblichen Weise zu reagieren. (Vgl. Schwitzer 1986)
Das darf doch nicht wahr sein! Ich kann es nicht
verstehen! Ich will es nicht verstehen! Ich fühle
mich so überrumpelt, so hilflos, dieser Tatsache
einfach ausgesetzt. Ich will das nicht zulassen! Ich
will nicht! Ich will und ich kann nicht auf sie ver-
zichten! Ich fühle mich wie betäubt. Ich bin gar
nicht richtig da, ich bin nicht in Berührung mit
mir, mit meiner Umwelt. Alles um mich herum ist
so weit weg. Es ist, wie wenn eine Mauer zwi-
schen mir, den Menschen und der Welt um mich
herum wäre.

Diese Phase kann von einer Stunde bis zu einer
Woche, ja einem Monat dauern, in Extremfällen
bis zu einem Jahr. In der Regel ist sie eine vorüber-
gehende Erscheinungsweise, sie kann aber auch
später immer wieder kurz auftreten. Je unerwarte-
ter ein Verlust eintritt, desto länger wird diese Phase andauern. Man denke etwa an den Verkehrstod
eines Kindes oder den Tod durch Herzinfarkt eines
Mannes, der mitten im Leben steht.

Verwundet, blutend, offen, erstarrt, benommen,
alleingelassen wie man ist und sich fühlt, sehnt
man sich in dieser Situation nach einer Stütze, nach
menschlicher Nähe. In dieser Situation ist es wichtig, daß ich mich benommen und erstarrt, leer und
tot fühlen darf. Wird diese Phase ungewöhnlich
verlängert, dann, so Verena Kast (1982), haben
wir den Menschen vor uns, der den Verlust und
damit auch die große Emotion voll verdrängt.
Wenn jemand ständig von der großen »Leere«
spricht, die sich seit dem Verlust eines geliebten

Menschen in ihm auftut, dann kann eine solche immerwährende Trauer ihren Ursprung darin haben, daß man den Toten nicht tot sein läßt, vor allem aber, daß man nicht wirklich trauert.

2. Sehnsucht nach dem Verlorenen – Ausdruck und Vertiefung der Gefühle

Die Phase der Benommenheit und des Nicht-Wahrhaben-Wollens weicht – in der sogenannten zweiten Phase des Trauerprozesses – zunächst der intensiven Beschäftigung mit dem Menschen, den man verloren hat und der Sehnsucht nach ihm. Der Trauernde spürt ein unsägliches Verlangen nach dem geliebten Menschen. Seine Gedankenwelt dreht sich fast nur um ihn. Immer wieder tauchen die Bilder von der letzten Begegnung, den letzten Tagen oder bestimmten Ereignissen und Erfahrungen mit ihm auf. Die anfängliche Benommenheit und Schockwirkung haben nachgelassen. Auch bleibt einem nichts anderes übrig als die Realität des Verlustes wahrzunehmen und mehr und mehr zu akzeptieren.

Statt diese Realität zu verdrängen, soll ich im Erinnern und im konkreten Vorstellen, wie es ohne den Menschen, ohne das, was ich verloren habe, sein wird, unverblümt mit meinem Schmerz konfrontiert werden. Das mag dazu beitragen, daß die Wunde meines Schmerzes stärker gespürt, der Schmerz dadurch vergrößert wird. Doch das ist – in diesem Fall – gut so, denn es wird nicht böswillig ein neuer Schmerz hinzugefügt. Vielmehr werden die Wunde und der Schmerz, die da sind, nicht länger zugedeckt und betäubt, sondern offengelegt und zugelassen. Die Gefühle, die ebenso zugedeckt und betäubt waren, können jetzt erfahren und ausgedrückt werden. Je früher diese Gefühle erlebt werden, desto schneller vollzieht sich der Heilungsprozeß, desto geringer treten später Symptome von Verwirrung auf. Werden diese Gefühle gleich am Anfang unterdrückt oder verdeckt, können sie dann, wenn sie schließlich auftauchen, weit mehr problematisch werden, als wenn sie zur rechten Zeit zugelassen werden.

Traurigkeit und depressive Stimmungen sind die Gefühlserfahrungen, die mitunter am stärksten in dieser Phase auftreten. Bei bestimmten Begebenheiten mag für Momente bei all dem Schmerz auch Erleichterung und so etwas wie Freude hochkommen. Die angespannten Tage vor dem Tod sind vorbei, das Leben kann wieder in den mehr gewohnten Bahnen ablaufen. Im Falle einer Scheidung kann die vollzogene Trennung das Ende sehr aufwühlender und schmerzlicher Begegnungen sein. Zu all dem Schmerz über den Verlust des anderen mag sich hier auch ein, wenn auch zitterndes und bebendes »Alleluja« gesellen, weil die zermürbenden und aufreibenden Begegnungen und Erfahrungen endlich zu Ende sind, mag das Entsetzen und die Trauer über das Ende an sich auch noch so sehr auf einem lasten und auch sehr schnell wieder überhand nehmen.

Zorn, Ärger und Schuldgefühle sind weitere, wichtige Gefühle, die in dieser Phase auftreten.

Es ist der Ärger darüber, im Stich gelassen worden zu sein. Es ist der Zorn darüber, dieser Situation ohnmächtig ausgeliefert zu sein. Ob ich es will oder nicht, auch wenn ich mich mit allen meinen Kräften dagegen auflehne: ich kann es nicht ändern. Ich bin erbarmungslos dieser Situation ausgesetzt.

Nicht zugelassener Zorn kann die Trauerarbeit behindern. Der Zorn im Stich gelassen worden zu sein, der Zorn, in eine Situation gebracht worden zu sein, die mit den größten Schwierigkeiten verbunden ist, der Zorn darüber, zu Lebzeiten des Verstorbenen gegebenenfalls von ihm auch vernachlässigt worden zu sein usw., muß zugelassen werden dürfen, soll die Trauerarbeit nicht behindert werden. Wenn das Emotionschaos beim Trauernden nicht gelebt werden kann, dann, so Verena Kast (1982), besteht die Gefahr, daß die Trauernden in dieser Phase der Trauer, wo Emotionsstürme immer wieder über sie hereinbrechen, hängenbleiben. Oft greifen sie dann zu Medikamenten, weil das Emotionschaos unerträglich wird. Ärger, der nicht direkt zum Ausdruck gebracht wird, mag sich in Betriebsamkeit, Verspannung und innerem Aufgewühltsein niederschlagen. Nicht selten richtet sich der Ärger gegen den, der einem gerade über den Weg läuft, beziehungsweise der mit dem Verlust am ehesten in Verbindung gebracht wird.

Obwohl im Verständnis vieler gläubiger Menschen auch Gott für den Verlust verantwortlich gemacht wird, gesteht man es sich nicht zu, auch

Gott gegenüber seinen Zorn und Ärger zuzulassen. Noch seltener gestattet es sich der Trauernde, den Ärger gegenüber dem Verstorbenen beziehungsweise dem Menschen, den er verloren hat, zum Ausdruck zu bringen. Dabei ist aber oft gerade er der eigentliche Adressat. Er ist es ja, der einen im Stich gelassen hat.

Das Ende dieser Phase zeigt sich an, wenn die rohe Schärfe der zum Ausdruck gebrachten Gefühle nachläßt, die klaffende Wunde, die der Verlust des geliebten Menschen im Hinterbliebenen gerissen hat, weniger brennt und schmerzt. Hoffnungslosigkeit, ein Gefühl von Apathie und ein Zustand von einer Art Ziellosigkeit können sich breit machen.

3. Trennung und Neuaufbruch

Im weiteren Verlauf des Trauerprozesses lockert sich allmählich der Griff, mit dem ich nach wie vor immer wieder versuche, mich an dem geliebten Menschen und an dem, was diese Beziehung mir an Erfüllung brachte, festzuhalten. Erst wo ich es vermag, diesen Griff im Zulassen und Ausdrücken meiner Gefühle so weit zu lockern, daß ich nicht mehr meine Erwartungen und meine Kraft, meinen Sinn an etwas festhalte, das für mich nicht mehr in der Weise verfügbar ist wie früher, habe ich wieder eine Chance für einen Neuaufbruch und einen Neuanfang.

Diese Phase des Trennens geht einher mit der allmählichen Bereitschaft, sich auf neue Aktivitäten und neue beziehungsweise alte Beziehungen wieder einzulassen. Voraussetzung dafür ist, so Verena Kast (1982, 72) »daß der Verstorbene nun eine innere Figur geworden ist; sei es, daß der Trauernde den Verstorbenen als eine Art inneren Begleiter erlebt, der sich auch wandeln darf, sei es, daß der Trauernde spürt, daß vieles, was er früher in der Beziehung gelebt hatte, nun seine eigenen Möglichkeiten geworden sind«.

Verena Kast weiter: »Der neue Selbst- und Weltbezug zeichnet sich auch dadurch aus, daß der Verlust jetzt akzeptiert ist, daß viele Lebensmuster, die sich in Bezug auf den verstorbenen Menschen eingespielt haben, ›verlernt‹ sind und eben neue Lebensmuster an ihre Stelle treten, ohne daß der Verstorbene einfach vergessen wäre.«

Wichtig in dieser Phase ist weiter, die Liebe, die der Trauernde für den verstorbenen Menschen empfindet, nach innen zu lenken, hin zu den Bildern, die von dieser Person in uns weiterexistieren. Letztlich geht es darum, daß der Mensch, den wir verloren haben, in uns auferstehen kann. Solange das nicht passiert, wird ein Stück unseres Selbst nicht auferstehen dürfen, da ja der Verlust eines Menschen, mit dem wir uns so sehr identifizierten, auch ein Verlust zumindest eines Teils unseres Selbst ausmacht. Auf der anderen Seite ermöglicht das, daß auch dann, wenn ich akzeptiert habe, daß der andere physisch tot ist, daß ich ihn verloren habe, ein Stück von ihm in mir weiterleben darf.

Über die Schwierigkeiten in dieser Phase schreibt Verena Kast (1982, 104): »Die Gefahr in dieser Phase scheint mir wirklich die zu sein, daß das Suchen zwar auf alle Fälle stattfindet – wer sich einmal in den Trauerprozeß begeben hat, der sucht, ohne daß ihn jemand dazu auffordern müßte, er findet vielleicht auch –, schwierig wird es aber mit dem Sich-trennen.« Hier kann es passieren, daß diese Trauerarbeit an der Stelle, wo der Trauernde vom Verstorbenen getrennt werden müßte, stecken bleibt.

VI. Therapeutische Wirkung der Psalmen bei der Trauerarbeit

1. Klagelieder und Psalmen

Frau P. Meckling weist auf die große Nähe hin, die zwischen den Trauergesängen, Myroloya genannt, und den Psalmen existieren. Bei beiden handelt es sich um poetische Werke, die auf dem uralten Wissen basieren, wie Menschen Zugang zu ihren Emotionen gewinnen und ihnen äußerlich Ausdruck verleihen können. Beide sind rhythmische Gesänge, die um bestimmte vorgegebene Motive kreisen und diese Motive immer neu ausgestalten. Wie bei den Myroloya kennen die Psalmen Abfolgen von Zyklen. Die Übergänge in den Psalmen sind fließend. Man kann an beliebigen Stellen ein- und aussteigen. Das Ende bildet sich, so P. Meckling, von allein, je nach Verfassung. Ständige Wiederholungen verdünnen das diskursive Denken und fördern einen tranceartigen Zustand. Ähnlich wie die Myroloya vermögen auch die Psalmen die Trauer zu stimulieren und zu lenken. So können sie wie die Myroloya den Trauerprozeß fördern.

Die Myroloya kennen eine Abfolge, die den bekannten Phasen des Trauerprozesses entspricht und somit das Zulassen, das innere und äußere Ausleben der einzelnen Phasen, intensiviert.

In der ersten Phase werden bei den Klageliedern die Gefühle der Not, der Leere, der Starre und Verzweiflung angesprochen und zum Ausdruck gebracht. In der zweiten Phase wird Gelegenheit gegeben, sich an das Verloren-Gegangene, den verlorenen Menschen, zu erinnern. Ich kann mir weiter ausmalen, wie es in der Zukunft sein wird, ohne das Bisherige, ohne den Menschen, der zum Beispiel verstorben ist. Ich kann nochmals mit ihm in Kontakt treten, mit ihm sprechen. Das alles dient dazu, mir nochmals zu vergegenwärtigen, daß das Verlorene nicht mehr da ist, dieser Mensch nicht mehr da ist. Statt das zu verdrängen, soll ich unverblümt darauf gestoßen werden, um mit dem Schmerz und der Verzweiflung darüber unausweichlich konfrontiert zu werden.

Die dritte Phase ist die sogenannte Verwandlungsphase. Im Zulassen und Ausagieren der Gefühle und der damit einhergehenden Körperreaktionen wie Schluchzen und Weinen, Sich-Krümmen und das Erheben der Arme, soll der ganze Mensch in die Trauer mit einbezogen werden. Der ganze Mensch wird so betroffen davon, daß es ihn schüttelt, er als Ganzer von dem Schmerz erfaßt wird. Im Durchleben dieses inneren und äußeren Bebens, kommt er mit sich selbst in Berührung, wird in ihm etwas im wahrsten Sinne des Wortes wachgerüttelt, was eingeschlafen war.

In zwei weiteren Phasen steht die Wiederherstellung des Gleichgewichtes im Vordergrund.

Wurde vorher die Fassungslosigkeit, das Heraus-
fallen aus dem Gleichgewicht gefördert, weil das
der inneren Situation gemäß war, soll jetzt langsam wieder der Weg zur Normalität geebnet werden. Hier wird die in den Klageliedern implizierte
Lenkung der Gefühle deutlich. Sie lassen das Cha-
os zu, ja verstärken es. Gerade weil sie aber auch
den Weg daraus ebenso kennen, erleichtern sie es,
sich auf sie einzulassen und sich dabei total, hemmungslos gehen zu lassen. Die Hinführung zur
Balance geschieht durch die Vermittlung von Sinn-
gehalten des Verloren-Gegangenen. Die Aufmerksamkeit wird auf den Alltag gelenkt, die Tatsache,
daß ich selbst noch am Leben bin, herausgestellt,
mein Leben ohne den anderen angeschaut.

2. *Sich den Psalmen anvertrauen und ausliefern*

Wie die Klagelieder können auch die Psalmen eine
Form darstellen, die hilft, innerpsychische Prozesse
des Trauerns zu begleiten, zu vertiefen und zu Ende
zu bringen. Die Psalmen sprechen die einzelnen
Phasen des Trauerprozesses immer wieder an und
das nicht systematisch hintereinander, sondern,
wie es auch der Wirklichkeit und der Psyche des
Menschen eher entspricht, durcheinander. Ich
kann mich da, wo sie meine Stimmungslage treffen, in sie einschwingen und das immer und immer wieder und da heraustreten, wo sie meine
augenblickliche innere Verfaßtheit nicht ansprechen. So mag mich einmal ein bestimmtes Wort,

ein bestimmter Satz überhaupt nicht ansprechen, nichts in mir bewegen, ein andermal wird mich gerade dieses Wort, dieser Satz zutiefst ansprechen, mit mir etwas machen, weil er jetzt meine innere Situation widerspiegelt, mich mit etwas in Berührung gebracht hat, das jetzt da ist und zugelassen werden will.

Es ist also nicht notwendig, einzelne Verse der Psalmen, die der augenblicklichen Situation und inneren Empfindung, dem am stärksten vorhandenen Bedürfnis am meisten entsprechen, herauszusondern. Vielmehr kann der ganze Psalm gesprochen und gebetet werden in der Offenheit und Bereitschaft, sich innerlich, ja innerlichst davon ansprechen zu lassen. Die Seele findet von alleine die Stelle, die sie am meisten entsprechend ihrer momentanen Verfassung anspricht, ihr am meisten guttut. Wo sie sich am besten aufgehoben und verstanden fühlt.

Ich kann die Psalmen inbrünstig in mir, in meinem Herzen beten, ich kann sie aber auch hinausschreien. Ich kann immer wieder einen Vers wiederholen, oder ich kann mich in einen Psalm, der mich besonders anspricht, geradezu hineinsteigern, indem ich ihn eine Stunde lang immer und immer wieder spreche, bete, singe, hinausschreie. Bei vielen Psalmen erkennt Frau P. Meckling drei Hauptmotive, die immer wiederkehren und den therapeutischen Trauerprozeß fördern. Das Motiv der Klage über die Bedrängnis von Not, das Motiv Hilfe und Bitte und schließlich das Motiv Dank gegenüber Gott. Ein Beispiel dafür ist Psalm 69.

Errette mich aus dem Kot,
daß ich nicht versinke;

So höre mich, Herr,
  denn deine Güte ist tröstlich;
wende dich zu mir
  nach deiner großen Barmherzigkeit
und verbirg dein Angesicht nicht
  vor deinem Knechte,
denn mir ist angst;
erhöre mich eilends.
Mache dich zu meiner Seele und erlöse sie,
erlöse mich um meiner Feinde Willen.
Du weißt meine Schmach, Schande und Scham;
meine Widersacher sind alle vor dir.
Die Schmach bricht mir mein Herz
und kränkt mich.
Ich warte, ob's jemand jammere –
  aber da ist niemand –,
und auf Tröster – aber ich finde keine.
Und sie geben mir Galle zu essen
und Essig zu trinken in meinem großen Durst.

Gieße deine Ungnade auf sie,
und dein grimmiger Zorn ergreife sie.

Ich aber bin Elend, und mir ist wehe.
Gott, deine Hilfe schütze mich!
Ich will den Namen Gottes loben mit einem Lied
und will ihn hochehren mit Dank.

Es lobe ihn Himmel, Erde und Meer
und alles, was sich darin regt.
Denn Gott wird Zion helfen
und die Städte Judas bauen,
daß man da selbst wohne und sie besitze.
(aus Psalm 69)

Will ich die therapeutische und schließlich auch spirituelle Wirkung der Psalmen für mich fruchtbar machen, dann ist entscheidend, daß ich mich in einer gewissen Weise den Psalmen ausliefere. Ich trete zunehmend mehr von mir selbst zurück, überlasse mich immer mehr der Führung durch die Psalmen. Diese zunehmende Ich-Ferne macht mich zugleich offener und bereiter für die Botschaft, vor allem auch die Tiefen-Botschaft der Psalmen. Je mehr mein Ich-Bewußtsein zurücktritt, desto mehr kann mein Tiefen-Bewußtsein sich ausbreiten und aktiv werden.

Die Sprache der Psalmen ist für mein Tiefen-Bewußtsein und mein innerstes Empfinden und Fühlen ein Ohrenschmaus, eine Labsal. Denn es ist die Sprache, die mein Innerstes versteht. Es saugt sich voll davon, kann nicht genug bekommen, vor allem, wenn es allzulange darauf verzichten mußte. Hier findet sich eine Weise, die es ihm ermöglicht, sich zu artikulieren. Etwas in mir, das vorher dumpf, unspezifisch war, kann sich jetzt klären und läßt sich damit besser einordnen.

Da das, was ich mit den Psalmen spreche, kollektives Erfahrungsmaterial ist und für den Gläubigen mit Gott gemachte Erfahrung, reiht mich mein Einlassen in die Psalmen und ihre Welt ein in diese kollektive Verbundenheit und die Erfahrungsgeschichte mit Gott. Das aber gibt mir Boden unter den Füßen. Die zunehmende Ich-Ferne, die mit dem Einlassen auf die Psalmen verbunden sein kann, macht es weiter möglich, daß sich in mir ein Gefühl der Verbundenheit mit dem Kosmos, mit dem, das über mich hinausweist, ausbreitet. Ich werde dabei zunehmend offener für das, was mir von dort her an Botschaft vermittelt wird. In diesem Überschreiten der Ich-Grenze vermag ich Abstand zu mir zu erlangen und dabei auch Abstand zu dem, was mich bedrängt. Ohne den Schmerz damit zu verdrängen, vermag ich ihn dadurch besser zu orten, mich und meinen Schmerz besser auseinanderzuhalten.

Die Psalmen laden weiter ein, wegzukommen vom Denken »über«. Sie führen hinein in meinen Gemütszustand. Sie sind wie ein Geländer, an dem ich mich entlangtastend immer mehr vom Denken und Sprechen »über« hineingelange in jenen Bereich in mir, wo ich mir begegne, mir mit meiner Not und meinem Schmerz. Die Psalmen helfen mir auf diesem Weg, da sie mir die Worte leihen, in denen das, was ich in mir – manchmal nur vage – spüre, angesprochen, zum Ausdruck gebracht wird. Ich werde dadurch näher zu mir geführt. Im Benennen dessen, was in mir vorgeht, nehme ich es noch mehr wahr, vergegenwärtige ich es mir intensiver, mit dem Ergebnis, daß es stärker auf mich wirkt, mich tiefer berührt, mich gegebenenfalls auch härter trifft.

Die Psalmen helfen mir, daß meine Worte, und da vor allem auch mein Gebet, zur Stimme meines Herzens werden. Was ich vor Gott hintrage, sind nicht nur Worte, Überlegungen, Gedanken. Ich bin es selbst. Ich bin es ungeschminkt, roh, echt. Die Psalmen wollen nicht begründen und erklären. Sie laden dazu ein, in sie einzuschwingen, sich ihrem Rhythmus einfach zu überlassen. Sie verlangen nicht, daß ich mitdenke, während ich spreche, daß ich versuche sie zu verstehen, gar zu deuten oder zu exegetisieren. Lasse ich mich auf sie ein, spreche ich sie immer und immer wieder, werden sie mich immer mehr mit sich ziehen, mitreißen, bis ich schließlich in dem Strom schwimme, in dem ich ein Stück weit mich selbst vergessend, mich einfach dem Sog des Stromes überlasse und dabei all das in mir zulasse, was mich bewegt.

3. Das Rohe, Direkte, Unmittelbare der Psalmen zulassen

Die Psalmen kennen eine rohe, ungeschliffene Sprache. Sie können natürlich im Chorgebet spielerisch und kontemplativ hin- und hergesprochen und -geworfen werden. Sie können mit einer eingehenden Melodie gesungen zum eindringlichen Gebet werden, an dem man sich mit seiner ganzen augenblicklichen Verfassung anhängt. Sie können aber auch – und das ist eher abstoßend – herzlos heruntergeleiert werden, ohne innere Anteilnahme. Dann wirken sie wie ausgetrocknet und seelenlos. Sie sind dann einfach Sätze, die dahingesprochen werden. Eine ähnliche Wirkung mag sich einstellen, wenn sie allzu salbungsvoll vorgetragen werden. Sie werden dann mitunter zu sehr in eine sogenannte heilige Sphäre gehoben, mit dem Ergebnis, daß sie weggeschoben werden vom wirklichen Leben, nicht mehr den einzelnen zu berühren vermögen, in ihnen nicht mehr etwas vom inneren Erleben des einzelnen zum Ausdruck kommt. Dabei können die Psalmen in der Trauerarbeit helfen, wieder mehr mit unserer Leidenschaft und Heftigkeit in Berührung zu kommen. Sie können helfen, im Zulassen und Ausdrücken der Emotionen auch das äußere Ausdrücken von Schmerz zuzulassen und auszuagieren. Die therapeutische Wirkung der Psalmen kommt dann zum Durchbruch, wenn ich ihnen das Rohe, Skrupellose, Kompromißlose, Harte, aber auch das unbändig Frohe, überschwenglich Dankbare, das Direkte, Unmittelbare lasse. Vor allem aber wenn ich bereit bin, entsprechend meiner Situation, im Sprechen der Psalmen das Entsprechende in mir zuzulassen. Jetzt wird mein Sprechen zum Klagen, meine Stimme wird lauter. Ich schreie, brülle, ich klage an und fluche. Ich schreie um Hilfe, schluchze, weine. Jetzt lasse ich zu, was ich vorher zurückgehalten haben. Ich lasse dem, was in mir ist und danach drängt, zugelassen zu werden, freien Lauf. Ich verliere die Haltung, die zu bewahren meine Umwelt und ich selbst mir zur Pflicht machen. Ich krümme mich vor Schmerz, schlage um mich vor Verzweiflung, balle meine Fäuste vor Wut und Enttäuschung. Ich stampfe mit den Füßen vor Zorn und innerem Erbeben auf den Boden. Ich raufe mir die Haare vor Trauer und Schmerz. Die Dankespsalmen bahnen der Freude, der Dankbarkeit, der Ekstase den Weg, die schließlich auch im körperlichen Ausagieren, im Hüpfen und Tanzen, zum Ausdruck gebracht werden können.

Dein grimmiger Zorn ergreife sie

Da bin ich dann einmal einer, der vor Zorn bebt und brüllt:

Ihr Tisch werde vor ihnen zum Strick,
zur Vergeltung und zu einer Falle,
ihre Augen müssen finster werden,
* daß sie nichts sehen,*
und ihre Lenden laß immer wanken.

Gieße deine Ungnade auf sie
und dein grimmiger Zorn ergreife sie.
Ihre Wohnung müsse wüst werden,
und sei niemand, der in ihren Hütten wohne.

Tilge sie aus dem Buch der Lebendigen,
daß sie mit den Gerechten nicht
* angeschrieben werden.*
(aus Ps 69)

Gerade auch die Psalmen, in denen vom Niederschmettern der Feinde die Rede ist, die man im offiziellen Psalmengebet gerne ausläßt, haben beim Psalmensprechen und -beten mit Leib und Seele eine wichtige Funktion. Sie erlauben es mir, mit meinen wirklichen Gefühlen des Hasses, der Wut, der Entrüstung in Berührung zu kommen und diese Gefühle zuzulassen. Sie haben hier freie Bahn, müssen nicht abgebogen und verfeinert werden. Sie dürfen voll ausgesprochen werden. Sie dürfen herausgepreßt und herausgeschrien werden. Die zornige, haßerfüllte, aggressive und kriegslüsterne Seite in uns darf und soll herauskommen, soll ein Gewand finden, in das sie sich kleiden kann, in das sie schlüpfen kann.

Die Psalmen können auf diese Weise dem gläubigen Menschen helfen und zeigen, daß Ärger und Zorn offen und ehrlich gegenüber Gott und anderen geäußert werden können. Ausgangspunkt des Gebetes für die Psalmisten ist genau das, wie ich mich fühle. Wenn ich Ehrfurcht im Angesicht der Majestät Gottes empfinde, dann, so Roy Fairchild (1991), sind heilige Worte der natürliche und passende Ausdruck für meine Gefühle wie: Heilig, heilig, heilig ist der Herr der Heerscharen; die ganze Erde ist erfüllt von seiner Herrlichkeit. Aber falls ich zum Beispiel verärgert bin, kann ich mit den Psalmen beten:

Richte mich, Gott,
und führe meine Sache wider das unheilige Volk,
und errette mich von den falschen und
  bösen Leuten.
(Ps 43,1)

Errette mich aus dem Kot

Dann liege ich danieder, total am Boden, seufzend,
weinend und schreiend:

Herr, Gott mein Heiland,
ich schreie Tag und Nacht vor dir.
Laß mein Gebet vor dich kommen;
Neige deine Ohren zu meinem Geschrei.

Ich bin elend und ohnmächtig,
 daß ich so verstoßen bin;
ich leide deine Schrecken, daß ich schier verzage.
(aus Ps 88)

Gott, höre mein Gebet
und verbirg dich nicht vor meinem Flehen.
Merke auf mich und erhöre mich,
wie ich so kläglich zage und heule.

Mein Herz ängstigt sich in meinem Leibe,
und des Todes Furcht ist
auf mich gefallen.

Des abends, morgens und mittags will ich
 klagen und heulen,
so wird er meine Stimme hören.
(aus Ps 55)

Zähle die Wege meiner Flucht;
fasse meine Tränen in deinen Krug.
(Ps 56,9)

Meine Wunden stinken und eitern
vor meiner Torheit.
Ich gehe krumm und sehr gebückt;
den ganzen Tag gehe ich traurig.
(Ps 38,6f)

Errette mich aus dem Kot
daß ich nicht versinke;
daß ich errettet werde von meinen Hassern
und aus dem tiefen Wasser;
daß mich die Wasserflut nicht ersäufe
und die Tiefe nicht verschlinge
und das Loch der Grube nicht über mir
zusammengehe.

Gott, hilf mir;
denn das Wasser geht mir bis an die Seele.
Ich versinke im tiefen Schlamm,
  da kein Grund ist;
ich bin im tiefen Wasser,
und die Flut will mich ersäufen.
Ich habe mich müde geschrien,
  mein Hals ist heiser;
das Gesicht vergeht mir,
daß ich solange muß harren auf meinen Gott.
(aus Ps 69)

Ich lobsinge dir auf der Harfe

Dann bin ich hochgestimmt, voll freudiger und feierlicher Gefühle. Mein Herz ist voll Dankbarkeit und Freude und es ist ihm danach, all die Dankbarkeit und Freude auszuschütten, sie zuzulassen, ein Danklied anzustimmen und ihnen im Tanzen und Feiern Ausdruck zu verleihen:

Ich will dir, mein Hort, lobsingen;
denn du, Gott, bist mein Schutz und mein
  gnädiger Gott.
(Ps 59,18)

Der Herr ist meine Stärke und mein Schild;
auf ihn hofft mein Herz, und mir ist geholfen;
und mein Herz ist fröhlich,
und ich will ihm danken mit meinem Lied.
(Ps 28,7)

So danke ich auch dir mit Psalterspiel
für deine Treue mein Gott;
ich lobsinge dir auf der Harfe,
  du Heiliger in Israel.
Meine Lippen und meine Seele,
  die du erlöst hast,
sind fröhlich und lobsingen dir.
Auch dichtet meine Zunge täglich
von deiner Gerechtigkeit.
(aus Ps 71)

Indem die Psalmen die Gefühle gleichsam nacheinander abrufen, das Angebot machen, sich an eine von ihnen vorgegebene Gefühlsäußerung anzuhängen, ermöglichen sie es, die ganze Palette von Gefühlen, die man bei sich selbst kennt, und die Gefühle, die davon gerade vorhanden und spürbar sind, zuzulassen und auszudrücken. Und das pur – soweit sie da sind –, in ihrer ganzen Härte und Intensität.

Da die Gefühle nacheinander abgerufen werden, können auch die Gefühle zum Ausdruck kommen, die »hängenbleiben« und zurückgehalten werden, weil sie zu sehr ineinander verwoben sind. Gerade in Situationen von Verlust, bei denen Gefühle von Trauer und Zorn, von Liebe und Haß miteinander verwoben sind, blockieren die unterschiedlichen Gefühle sich gegenseitig und verhindern damit auch den Prozeß der Reinigung und schließlich der Heilung. Die Psalmen ermöglichen, sich zunächst ganz auf ein Gefühl einzulassen, um dann ein diesem vollkommen entgegengesetztes Gefühl zuzulassen. Damit tragen sie dazu bei, die vielen unterschiedlichen Strömungen in uns zu erlauben und sich im Zulassen ihrer stärker bewußt zu werden. Im Zulassen, was wirklich ist, fördern sie den Prozeß des Loslassens von etwas, jemanden, das, der nicht mehr ist.

Dem Ausdruck von Ärger und Zorn, dem Schrei der Verzweiflung und dem Schluchzen aus Schmerz und Traurigkeit folgt – mit der Zeit – die Brandung der Freude und Dankbarkeit, das Aufjauchzen, in der Erfahrung innerer Wärme und

Angenommenseins, der ekstatische Tanz meines innersten Erlebens, zu sein, von Menschen, Gott und der Schöpfung umfaßt zu sein.

4. Die Psalmen harmonisieren und lenken die Gefühle

Die Psalmen, mit Leib und Seele gesprochen, gebetet und erfahren, erlauben es mir, mit meinen Gefühlen und damit mit mir wirklich in Berührung zu kommen. Das aber kann ich nur, wenn ich die Fassung verliere, mich gehenlasse. Damit bringen sie mich mit dem, was wirklich in mir lebt, in Berührung, ja sie bringen mich mit meinem Leben überhaupt in Berührung. Das aber läßt sich nicht in »Fassung« und in »Haltung« eingrenzen.

Indem das Beten der Psalmen mit dazu beiträgt, Fassung und Haltung zu sprengen, eröffnet es mir den Zugang zum Leben, dem wirklichen Empfinden und tatsächlich vorhandenen Gefühlen, hilft es mir, sie auszudrücken. Es sind dann auch wieder die Psalmen, die Gewähr dafür sind, daß es nicht nur beim Ausagieren bleibt, daß es nicht nur zur Explosion kommt und irgendetwas abreagiert wird. So sehr sie den Raum dafür öffnen – sie tragen mit dazu bei, daß man sozusagen die Kurve wieder kriegt. Sie vertiefen die Gefühle, intensivieren sie. Und zugleich lenken sie sie auch. Nachdem die Gefühle hemmungslos zum Ausdruck gebracht worden sind, im Zugeständnis der eigenen Hilflosigkeit Gott um Hilfe angefleht worden ist, geht es über zur Danksagung.

Ich habe den Schmerz zugelassen, bin hinabge-
stiegen in die Hölle der Qualen. Ich bin in Berührung gekommen mit meiner Ohnmacht und habe
mich aus dieser Erfahrung heraus hingestreckt zu
dem, der über mich hinausweist. Ich habe kapitu-
liert und mich ganz Ihm überlassen. Ein radikaler
und zunächst als entsetzlich erlebter, aber unaus-
weichlicher Schritt ist vollzogen worden. Da steigt
in mir ein wohliges Gefühl auf. Gebeutelt und
zutiefst verschreckt, mich total Ihm preisgegeben,
mache ich die Erfahrung, wie mich eine wohltu-
ende Energie durchfließt. Wie Leben sich in mir
rührt, wie mich ein Gefühl und Verlangen der
Dankbarkeit durchströmt. Ich erfahre, wie ich
mich entspanne, ich weiter werde, ich am eigenen
Leib und an der eigenen Seele erlebe: »Du führst
mich hinaus ins Weite, Du machst mir das Dunkel hell.«

Damit mein Dunkel wieder hell wird, muß ich
zuerst in das Dunkel hineinsteigen. Ich muß hineinsteigen in diesen tiefsten Bereich in mir, meine
persönliche Hölle. Denn so eigenartig es klingen
mag, dort finde ich die Wurzeln meiner Freude.

Du führst mich hinaus ins Weite, du machst
mir das Dunkel hell. Das ist genau das, worum es
im therapeutischen Prozeß geht. Um den Weg aus
dem Dunkel, dem, was nicht klar ist, was umhüllt, in Dunkelheit umhüllt, hinaus ins Helle. Hier
kann das Dunkle beleuchtet werden. Es kann angeschaut werden. Ich habe es vor mir. Ich kann es
einschätzen. Ich kann es so nehmen wie es ist. Es
mag dabei die Macht verlieren, die ihm anhaftete,

solange es im Dunkel war, von daher aber auch unberechenbar, nicht richtig einschätzbar war.

Ich kann dann auch das, was mir bisher nicht verfügbar war an Ahnung, Wissen, Fühlen über mich, für mich fruchtbar machen. Ich mag auf diese Weise mit Seiten und Dimensionen von mir in Berührung kommen, die mir unbekannt waren, die ich nicht wahrgenommen hatte, mit denen ich nicht vertraut war. Das aber weitet mich. Es weitet meinen Horizont, meine Perspektiven. Es läßt mich meine Situation, auch notvolle Situation von mehr Seiten her, »weiter« sehen. Und ich mag zugleich meine Möglichkeiten, damit umzugehen und darauf zu reagieren, als vielfältiger und wirkungsvoller erachten als zuvor.

VII. Die Psalmen vergegenwärtigen die Umfassung mit Gott

Das Beten und Eintauchen in die Psalmen ist wie eine ständige Vergegenwärtigung der Umfassung mit Gott. Die Mönche, Priester, Ordensfrauen, die täglich die Welt der Psalmen vergegenwärtigen, artikulieren und bestärken damit ihr Umfaßtsein mit Gott. Sie bringen damit immer wieder ins Wort, versuchen sichtbar zu machen, wenigstens aber darauf hinzuweisen: Wir sind umfaßt von Gott. Sie erinnern damit immer wieder an Gottes Weg und Geschichte mit uns. Sie erinnern daran und lassen nicht nach, daran zu erinnern, gerade und angesichts einer sie umgebenden Welt, die andere Geschichten und Wege für wichtiger hält.

Im Eintauchen in die Welt der Psalmen soll der trauernde Mensch erinnert werden an unsere und seine Geschichte mit Gott, »der erschafft, verspricht treu zu sein und sein Volk zum Bund miteinander und ihrem Schöpfer aufruft« (Gerkin 1986, 21). Denn die entscheidenden Bilder und Vorstellungen, die uns zu sagen vermögen, wer wir sind und wie wir auf unsere Situation reagieren sollen, entstammen dieser Geschichte. Solange ich daher mit ihr in Kontakt bin, sie mir vergegenwärtige, sie in mein Leben hineinwirkt, kann ich mich an ihr orientieren, kann ich von ihr her meine Entscheidungen treffen.

In der Situation des trauernden Menschen kann die Rückbesinnung auf diese Geschichte helfen, die eigene, augenblicklich erfahrene Situation in dieser Geschichte wieder zu finden. Die Rückbindung der eigenen Verfassung an diese Geschichte kann weiter dazu beitragen, Anschluß zu finden an den unerschütterlichen Glauben an Gottes Gegenwart und Hilfe, gerade auch in ausweglos erscheinender Situation. Ich finde mich wieder in dieser Geschichte, öffne mich ihr und werde immer mehr von ihr mit- und fortgetragen, bis hin zu dem Moment, in dem ich wieder umfangen bin, mich umfaßt fühle von dem, von dem diese Geschichte nie aufhört zu erzählen, der Schöpfung, den Mitgeschöpfen und dem Schöpfer.

Augustinus nennt die Psalmen »Liebeslieder eueres Vaterlandes«, und so wie die Wanderer auf dem Wege die Lieder ihrer Heimat singen, so sollen wir die Psalmen als Lieder singen, die von unserer wahren Heimat künden und in uns die Liebe zu dieser Heimat wachsen lassen. Und so wie die Wanderer bei Nacht singen, um ihre Angst vor der Dunkelheit zu vertreiben, so sollen wir die Psalmen singen, um uns in der Nacht unseres Lebens zu trösten und um schon hier etwas von unserer Heimat uns spüren und schmecken zu lassen. (Vgl. Anselm Grün 1989, 17)

Der sich in Not befindliche, trauernde, depressive Mensch kann, wenn er sich auf die Psalmen einläßt, sich von ihnen forttragen läßt, zunächst mit seiner Sehnsucht nach Heimat, Zugehörigkeit, Umfassung in Berührung kommen. Überläßt er sich dem Sog der Psalmen, können die in ihm anscheinend versiegten, abgestorbenen Sehnsüchte nach Leben und Geborgenheit wachgerufen und neu belebt werden. Ich spüre dann diese Sehnsucht wieder voll, kann mich an diese Sehnsucht anlehnen, mich von ihr mittragen lassen. Und im Spüren dieser Sehnsucht breitet sich bereits etwas in mir von dem Gefühl aus, wonach ich mich sehne: Das Gefühl von Heimat und Geborgenheit. Je mehr ich mit dieser Sehnsucht in Berührung komme, sie sich in mir ausbreitet, ich sie zulasse, desto stärker wird sich auch das Gefühl von Geborgenheit, von Dazu-gehören breit machen. Bis meine Sehnsucht schließlich auch dort ankommt, wohin es mich am stärksten zieht, bei Gott. Dann ist die Verbindung zwischen mir, meinem Herzen und Gott wieder hergestellt, dann erlebe ich die Umfassung auch mit ihm wieder – mit Leib und Seele.

Gehe ich meinen Weg, auch meine Kreuzweg, dann gibt es auch für mich die Auferstehung und ich kann zu Gott sprechen:

Du hast mich im Zulassen meines Schmerzes tiefer erfahren lassen, hast Seiten in mir aufgestoßen und ins Leben gebracht, die bisher nicht zum Zuge kamen. Du hast mich angenommen in meiner Not und Schwachheit. Ja, ich durfte in dieser Situation Deine Nähe und Fürsorge besonders intensiv erfahren. Sie hat mich Dir näher gebracht, uns näher gebracht. Ich durfte bei alledem Deine

Umfassung erfahren, die Gewißheit, wie dreckig mir es auch geht, Du bist bei mir. Ich durfte mich im Einlassen auf die Psalmen der Verbundenheit mit so vielen anderen sicher sein, die wie ich in ihrer Not sich an diese Worte anhängten, gar klammerten. Ja der Stoff, aus dem diese Psalmen gemacht und geformt wurden, ist die menschliche Situation, unsere menschliche Situation als Ausdruck unserer Menschlichkeit, von Dir geschenkten Menschlichkeit, in der auch Wesentliches von Dir selbst zum Ausdruck kommt. Ich durfte darin die Erfahrung machen, nicht alleine dazustehen mit meinem Schmerz, ja gerade auch darin mich zu einer größeren Gemeinschaft, zu Dir selbst gehörig fühlen zu dürfen.

Und jetzt will ich einfach nur noch meine Seele hinströmen lassen zu Dir, auch wenn ich noch kurz vorher meinen Zorn Dir ins Gesicht geschrien haben mag. Jetzt will ich Dir nur noch danken, mich Dir hinhalten. Danken, daß es Dich gibt und, was immer auch geschehen ist, Du weiterhin da bist. Du für mich da bist.

Ich will Dir danken, aus ganzem Herzen, mit meinem ganzen Herzen, so tief und so innig, wie ich vorher meinen Schmerz zugelassen habe. Daß ich bin, Du mich hinausgeführt hast aus der Enge, auch der Enge meines Herzens, ins Weite. Du mich hinausgeführt hast aus der Dunkelheit, die mein Herz umschattete, mich alles wie durch eine dunkle Brille sehen ließ. Hinausgeführt ins Helle. Ich bei allem, was mich auch noch bedrücken mag, das Wunder, zu sein, zu leben, wieder sehe,

erlebe, spüre. Ich wieder wie beim Anblick des
Grand Canyon überwältigt sein kann von der
Schönheit des Lebens.

Epilog

Er machte Bäche trocken
und ließ Wasserquellen versiegen,
daß ein fruchtbar Land zur Salzwüste wurde ...
Er machte das Trockene wiederum wasserreich
und im dürren Lande Wasserquellen
und ließ die Hungrigen dort bleiben,
daß sie eine Stadt bauten,
in der sie wohnen konnten,
und Äcker besäen und Weinberge pflanzten
die jährlichen Früchte gewönnen.
(Ps 107,33–37)

Wie gut ich das nur kenne
ausgetrocknet zu sein
das Gefühl zu haben
brach danieder zu liegen
während tief in mir
Strebungen, Kräfte, Gefühle
sich dumpf melden
bemerkbar machen
die leben wollen
die die Salzwüste
die mein Leben überzieht
bewässern, fruchtbar machen, beleben wollen

Manchmal
bin ich es selbst
der das verhindert
da ich an etwas festhalte
etwas nicht lassen will
was ich nicht festhalten sollte
das ich loslassen müßte
damit das
was in mir leben will
fließen darf
um
meine Salzwüste aufzubrechen
mich wieder mit dem Fluß
des Lebens
in Berührung zu bringen
mich wieder wasserreich zu machen
mich wieder zu durchtränken
mich zu durchsprudeln

Damit ich bewohnbar werde
zunächst einmal
selbst
bei mir Wohnung nehmen kann
wo ich Unterkunft finde
ein Zuhause
mich wohlfühle
damit ich
zum Acker und Weinberg
werde
auf dem etwas wachsen
ich gedeihen kann

Literaturhinweise

Psalme zitiert nach:
Die Bibel oder die ganze Heilige Schrift des Alten und Neuen Testaments nach der Übersetzung Martin Luthers, Nürnberg 1888.

Psalm 56,9 und 107 aus: Die Heilige Schrift nach der Übersetzung Martin Luthers, Stuttgart 1992.

Jorgos Canacakes,
Ich sehe deine Tränen. Trauern, Klagen, Leben können, Stuttgart 1987.

Roy Fairchild,
Seelsorge mit depressiven Menschen, Mainz 1991.

Ch. Gerkin,
Widening The Horizons, Philadelphia 1986.

Anselm Grün,
Chorgebet und Kontemplation, Münsterschwarzacher Kleinschriften Band 50, Münsterschwarzach 1989.

Verena Kast,
Trauer, Phasen und Chancen des psychischen Prozesses, Stuttgart 1982.

Erich Lindemann,
Jenseits von Trauer. Beiträge zur Krisenbewältigung und Krankheitsvorbeugung, Göttingen 1985.

P. Meckling,
Vortrag zum Thema: Hypnotherapie der Psalmen, gehalten im September 1989 in Heidelberg, anläßlich des 1. Internationalen Kongresses für Hypnose und Therapie.

Stephanie Merritt,
Mind, Music and Imacery, New York, 1990.

Wunibald Müller,
Mut zu menschlicher Nähe in der Predigt, in: Lebendige Seelsorge 4/41, 1990, 233-235.

W. Schulte/R. Tölle,
Psychiatrie, Berlin, 4. Auflage 1977.

Die Lebenskunst der Klöster
Münsterschwarzacher Kleinschriften

1	Anselm Grün, **Gebet und Selbsterkenntnis**	1979
2	Basilius Doppelfeld, **Der Weg zu seinem Zelt**	1979
3	Fidelis Ruppert/Anselm Grün, **Christus im Bruder**	1979
4	Pirmin Hugger, **Meine Seele, preise den Herrn**	1979
5	André Louf, **Demut und Gehorsam**	1979
6	Anselm Grün, **Der Umgang mit dem Bösen**	1980/2001
7	Anselm Grün, **Benedikt von Nursia**	1979
8	Pirmin Hugger, **Ein Psalmenlied dem Herrn, Teil 1**	1980
9	Pirmin Hugger, **Ein Psalmenlied dem Herrn, Teil 2**	1980
10	Pirmin Hugger, **Ein Psalmenlied dem Herrn, Teil 3**	1980
11	Anselm Grün, **Der Anspruch des Schweigens**	1980
12	Bernardin Schellenberger, **Einübung ins Spielen**	1980
13	Anselm Grün, **Lebensmitte als geistl. Aufgabe**	1980
14	Basilius Doppelfeld, **Höre – nimm an – erfülle**	1981
15	Edgar Friedmann, **Mönche mitten in der Welt**	1981
16	Anselm Grün, **Sehnsucht nach Gott**	1982
17	Fidelis Ruppert/Anselm Grün, **Bete und Arbeite**	1982
18	Jean Lafrance, **Der Schrei des Gebetes**	1983
19	Anselm Grün, **Einreden**	1983/2001
22	Anselm Grün, **Auf dem Wege**	1983
23	Anselm Grün, **Fasten**	1984/2001
25	Guido Kreppold, **Die Bibel als Heilungsbuch**	1985
26	A. Louf/M. Dufner, **Geistliche Vaterschaft**	1984
27	M. W. Schmidt, **Christus finden in den Menschen**	1985
29	Grün/Reepen, **Heilendes Kirchenjahr**	1985/2001
30	Durwell, **Eucharistie – das österl. Sakrament**	1985
31	Basilius Doppelfeld, **Mission**	1985
32	Anselm Grün, **Glauben als Umdeuten**	1986
36	Anselm Grün, **Einswerden**	1986
37	Brackenstein Comm., **Regel f. einen neuen Bruder**	1986
39	Anselm Grün, **Dimensionen des Glaubens**	1987
41	Johanna Domek, **Gott führt uns hinaus ins Weite**	1987
44	Anselm Grün/Petra Reitz, **Marienfeste**	1987
45	Johanna Domek, **Segen**	1988
46	Anselm Grün/Michael Reepen, **Gebetsgebärden**	1988
47	Emmanuela Kohlhaas, **Es singe das Leben**	1988
50	Anselm Grün, **Chorgebet und Kontemplation**	1988
52	A. Grün, **Träume auf dem geistlichen Weg**	1989/2001

53	Guido Kreppold, **Die Bergpredigt, Teil 1**	1989
54	Guido Kreppold, **Die Bergpredigt, Teil 2**	1989
57	Grün/Dufner, **Gesundheit als geistliche Aufgabe**	1989/2001
58	Anselm Grün, **Ehelos – des Lebens wegen**	1989
59	Dumitru Staniloae, **Gebet und Heiligkeit**	1990
60	Anselm Grün, **Gebet als Begegnung**	1990/2001
61	Basilius Doppelfeld, **Mission als Austausch**	1990
62	Abeln/Kner, **Kein Weg im Leben ist vergebens**	1990
63	Faricy/Wicks, **Jesus betrachten**	1990
64	Anselm Grün, **Eucharistie und Selbstwerdung**	1990
65	Basilius Doppelfeld, **Ein Gott aller Menschen**	1991
66	Abeln/Kner, **Wie werde ich fertig m. m. Alter?**	1992/2001
67	A. Grün, **Geistl. Begleitung b. d. Wüstenvätern**	1992
68	Anselm Grün, **Tiefenpsych. Schriftauslegung**	1992
69	Basilius Doppelfeld, **Symbole, Teil 1**	1993
70	Basilius Doppelfeld, **Symbole, Teil 2**	1993
71	Anselm Grün, **Bilder von Verwandlung**	1993/2001
72	George F. Simon, **Religiöse Erfahrung, Teil 1**	1993
73	Wunibald Müller, **Meine Seele weint**	1993/2001
74	McDonnell/Montague, **Die Flamme neu entfachen**	1993
75	Herbert Alphonso, **Die persönliche Berufung**	1993
76	Anselm Grün/Gerhard Riedl, **Mystik und Eros**	1993
77	Gabriele Ziegler, **Der Weg zur Lebendigkeit**	1993
78	Basilius Doppelfeld, **Symbole, Teil 3**	1993
79	Fidelis Ruppert, **Der Abt als Mensch**	1993
80	Boniface Tiguila, **Afrikanische Weisheit**	1993
81	Anselm Grün, **Biblische Bilder von Erlösung**	1993/2001
82	A. Grün/M. Dufner, **Spiritualität von unten**	1994
83	Basilius Doppelfeld, **Symbole, Teil 4**	1994
84	Mauritius Wilde, **Ich verstehe dich nicht!**	1994
85	R.Abeln/A.Kner, **Das Kreuz mit dem Kreuz**	1994
86	Fidelis Ruppert, **Mein Geliebter, die riesigen Berge**	1995
87	Basilius Doppelfeld, **Zeugnis und Dialog**	1995
88	Edgar Friedmann, **Die Bibel beten**	1995
89	W. Müller, **Gönne dich dir selbst** – Jetzt als Hardcover!	
90	Fidelis Ruppert, **Urwald und Weisheit**	1995
91	George F. Simons, **Religiöse Erfahrung, Teil 2**	1995
92	Anselm Grün, **Leben aus dem Tod**	1995
93	Anselm Grün, **Treue auf dem Weg**	1995
94	Edgar Friedmann, **Ordensleben**	1995
95	Hermann M. Stenger, **Gestaltete Zeit**	1996
96	Basilius Doppelfeld, **Bleiben**	1996

97	Christian Schütz, **Mit den Sinnen glauben**	1996
98	Karin Johne, **Wortgebet und Schweigegebet**	1996
99	Anselm Grün, **Das Kreuz**	1996
100	A. Grün/A. Seuferling, **Schöpfungsspiritualität**	1996
101	Basilius Doppelfeld, **Lassen**	1996
102	Anselm Grün, **Wege zur Freiheit**	1996
103	Kreppold, **Krisen – Wendezeiten im Leben**	1997/2001
104	Peter Abel, **Gemeinsam Gott erfahren**	1997
105	Heinz Schürmann, **Das Jesusgebet im Kirchenjahr**	1997
106	Anselm Grün, **Exerzitien für den Alltag**	1997
107	Karl-Friedrich Wiggermann, **Das geistliche Wort**	1997
108	F. Ruppert/A. Stüfe, **Der Abt als Arzt ...**	1997
109	Henri Nouwen, **Unser Heiliges Zentrum finden**	1998
110	Georg Braulik, **Zivilisation der Liebe**	1998
111	Wunibald Müller, **Wenn du ein Herz hast ...**	1998
112	Kreppold, **Selbstverwirklich o. Selbstverleugnung?**	1998
113	Basilius Doppelfeld, **Erinnern**	1998
114	Anselm Grün, **Zerrissenheit**	1998/2001
115	Wiggermann, **Spiritualität und Melancholie**	1998
116	Reinhard Körner, **Was ist inneres Beten?**	1999
117	Christa Carina Kokol, **Wie bist du, Gott?**	1999
118	Gabriele Ziegler, **Sich selbst wahrnehmen ...**	1999
119	R.Abeln/A.Kner, **Sieh auf das, was vor dir liegt**	1999
120	Anselm Grün, **Vergib dir selbst!**	1999
121	D. Koller, **Trinitarisch glauben, beten, denken**	1999
122	Guido Kreppold, **Träume – Hoffnung für das Leben**	1999
123	Günther Biemer, **Glaubensbekenntnis**	2000
124	Basilius Doppelfeld, **Loslassen und neu anfangen**	2000
125	Abeln/Kner, **Auf der Suche nach Geborgenheit**	2000
126	Pierre Stutz, **Licht in dunkelster Nacht**	2000
127	Wunibald Müller, **Dein Herz lebe auf**	2000
128	Anselm Grün, **Vom Schutz des Heiligen**	2001
129	Guido Kreppold, **Esoterik**	2001
130	Mauritius Wilde, **Der spirituelle Weg**	2001

 VIER-TÜRME-VERLAG

Vier-Türme GmbH, Verlag
Schweinfurter Straße 40 D-97359 Münsterschwarzach Abtei
Telefon 09324/20-292 Telefax 09324/20-495
Bestellmail: info@vier-tuerme.de
www.vier-tuerme.de

Anselm Grün

Der Weg durch die Wüste
40 Weisheitssprüche der Wüstenväter

Halbleinen, 104 Seiten
ISBN 3-87868-271-9

Die Sprüche der Wüstenväter handeln von
Dämonen und Engeln, vom Kampf mit den
Leidenschaften und dem Erlangen inneren Frie-
dens, von Schuld, Haß und Liebe.
Anselm Grün legt die in ihnen verborgene Weis-
heit frei: Sie lehren den Weg zu einer
Freiheit des Geistes, ohne die selbstbestimmtes
Leben nicht möglich ist.

Vier-Türme-Verlag
97359 Münsterschwarzach Abtei
Telefon 0 93 24 / 20-292 Telefax 0 93 24 / 20-495
Bestellmail: info@vier-tuerme.de
www.vier-tuerme.de

Anselm Grün

Wenn du Gott erfahren willst, öffne deine Sinne

Halbleinen, 184 Seiten
ISBN 3-87868-159-3

Wie können wir heute Gott erfahren?
»Wenn du Gott erfahren willst,
öffne deine Sinne«, antwortet Anselm Grün.
Wer seine Sinne schärft für das,
was um ihn geschieht, der erfährt Gott:
»Gott zeigt sich uns und spricht zu uns.
Er läßt sich betasten, schmecken und riechen.«
Ein Buch, das zum Leben auffordert.

Vier-Türme-Verlag

97359 Münsterschwarzach Abtei
Telefon 0 93 24 / 20-292 Telefax 0 93 24 / 20-495
Bestellmail: info@vier-tuerme.de
www.vier-tuerme.de

Wunibald Müller

Gönne dich dir selbst
Von der Kunst, sich gut zu sein

Gebunden, 100 Seiten
ISBN 3-87868-274-3

»Gönne dich dir selbst!« fordert Wunibald Müller
alle auf, die über der Sorge um ihre Arbeit und
um andere sich selbst vergessen. Wie finden wir
die richtige Balance zwischen Liebe und Arbeit?
Wie bleiben wir mit unserer Seele in Berührung?
Mit welchen positiven Ritualen können wir
unseren Tagesablauf gestalten?
Dieses Buch lehrt die Kunst, sich selbst gut zu
sein.

Vier-Türme-Verlag
97359 Münsterschwarzach Abtei
Telefon 0 93 24 / 20-292 Telefax 0 93 24 / 20-495
Bestellmail: info@vier-tuerme.de
www.vier-tuerme.de